新装版

正像末法和讃講話

川瀬和敬

法藏館

目次

本書は、平成六（一九九四）年刊行の『三帖和讃講話―正像末法和讃―』第一刷を改題し、オンデマンド印刷で再刊したものである。

凡例

一、三帖和讃と呼ばれるように三帖一連のものとなっているが、浄土高僧和讃については「聖人の讃歌に和す」と副題して刊行し、浄土和讃も「その風光と響き」と副題して近時出て、この正像末法和讃の講説によって、三帖の完結を見ることとなったのである。

一、専修寺蔵国宝本の表題に明記されるように、正像末法和讃として祖意にしたがうこととした。本文は顕智上人書写本に依り、文明開板本との文字の違いも書き添えた。左横に括孤をつけて小文字で記したものがそれである。

一、和讃は片仮名を平仮名に改め、左訓は仮名ばかりであるので適当に漢字をあてて記述し、新仮名づかいを用いることとした。

一、名古屋の信道講座（願主近藤友右衛門氏）において、二年間にわたって月一回ずつ講じたものを、主事大島暁北氏によって筆録され、「信道」誌上に掲載された。この話し言葉を改め、簡潔化して今回の稿が成ったもので、心から謝念を捧げたい。但し愚禿述懐（仏智疑惑讃）だけは別に起草したものである。

一、正像末和讃の名がひろく行なわれているのであるが、文明本五十八首の終りに、「已上正像末法和讃」とあるので、こだわる必要はないと思う。

一、和讃拝読の上でお導きを賜わっている諸師に対したてまつり、仰いで洪恩を謝し、了解の未だ及ばないことをお詫びする次第である。

常磐井鸞猷　国宝三帖和讃註解
生桑完明　親鸞聖人全集　和讃篇
高木昭良　三帖和讃の意訳と解説
伊藤博之　三帖和讃注釈（新潮古典集成）
金子大榮　正像末和讃聞思録
三木照国　正像末和讃講義
早島鏡正　正像末和讃——親鸞の宗教詩——

一、本稿の出版について、法蔵館社長西村明氏のおすすめ、和田真雄編集員の微に入っての御指示、堤玄立兄・平松令三兄のお力添え、磐城龍英兄の校正お手助けを蒙ったことに、深甚の謝意を表したい。

はじめに

三帖の和讃の最初は「浄土和讃」、つぎには「浄土高僧和讃」です。これは「浄土を讃える」、「本願を明らかにしていただいた高僧を讃える」。ところが「正像末法和讃」、これは馴れておりますものの、「末法を讃える」ではどうもおかしいので、そこに何か言葉が足りない。これにつきましても、聖人ははっきりお示し下さってあるのです。五十八首の終りに「已上正像末之三時弥陀如来和讃　五十八首」と。これによって「弥陀如来和讃」とわかります。「浄土和讃」は「弥陀如来和讃」です。その弥陀仏が龍樹となり天親となり、わが国では源空上人となって弥陀がかたちをあらわされた。「浄土和讃」「高僧和讃」を総括して「弥陀和讃」。最後の「正像末法和讃」は「弥陀和讃」の続篇、「続・弥陀和讃」となる。これが聖人の和讃全体に対するおこころであると、うかがわれるのです。だから「正像末の三時にわたって弥陀を讃える和讃」と呼びます。こういうところが、聖人が仏教を真宗で受けとめられていくところです。当今は末法だけれども、弥陀は正・像・末の三時を貫流しておはたらき下さっておるというのです。

最初に、この初稿本（顕智書写本）には善導の『般舟讃』の文が引いてあるところに着目したいと思います。どうして純粋な和讃であるのに、こういう『教行証文類』にお書きになっていることを書き添えられたのでありましょうか。聖人がこういうことを大事にしなさいということがこめられているのではなかろうかと、この辺りをでないのであります。そのお言葉というのは、

般舟三昧行道往生讃《はんじゅさんまい》に曰く、

敬うて一切往生の知識等にもうさく、大いに須らく慚愧《ざんぎ》すべし。釈迦如来は実に是れ慈悲の父母なり、種種の方便をして、我等が无上の信心を発起せしめたまふ

漢文をこのように読みくだしました。

この「般舟三昧行道往生讃」、これを略して『般舟讃』といいます。これは「観経等に依りて浄土の讃文を作り、常行三昧行道往生の法を明らかにしたもの」です。

そこで、十年前に「高僧和讃」、善導和讃をお作りになりましたときに、

釈迦弥陀は慈悲の父母　種種に善巧《ぜんぎょう》方便して

われらが无上《むじょう》の信心を　発起せしめたまひけり

と詠っておられます。このように今の引文は、讃歌し終ったところであるわけです。今更に『般舟讃』の言葉をなぜ「正像末法和讃」の最初にお書きになったのでありましょうか。私はこういうことを長い間思いまして、お心をうかがっておったのですが、このお言葉の「慚愧」と「慈悲」に対する応答を、「正像末法和讃」の最後に至って示しておられると気づいたのです。それは、「無慚無愧のこの身にて」、「小慈小悲もなき身にて」と、出発と終わりとがぴたっと合うのです。そうだったのかと胸を打たれたのであります。教えの中心は大慈大悲、まず仏法は慈悲だ、よろ

しく慚愧せよと、自分に呼びかけて、それに対する自分は「無慚無愧のこの身」、「小慈小悲もなき身」だと、これが善導の呼びかけに対する聖人の応答になっていると見えてきました。

この『般舟讃』のお言葉の内容ですが、「敬うていわく、一切往生の知識等にもうさく」。「知識」というのは、私どもお互いがこれ「知識」です。道を求める人の集まり、私をたすける友だち、私を往生せしめる友だち。「知識」というのは、大きな方向転換を私らにせしめるような友だちです。今善導が「敬うてもうしておられる人たち」が善導を往かしめるのです。また善導の言葉によって、交わっている人びとが往かしめられる。そういう事実によって喜びを感じられた聖人は、この言葉をここに引かずにおれなかったわけでしょう。

今聖人が「正像末法和讃」に引いておられるのは『般舟讃』のはじめの言葉ですけれども、その『般舟讃』のおわりに、「常に慚愧を懐いて、仰いで仏恩に謝す」、こういう言葉がでておるわけであります。また『法事讃』には、「身を砕いて、釈迦の恩を慚謝す」と。そうしますと、「慚愧を懐く」というのは自分の内面にかくれまして、どういうかたちであらわれてくるかというと、「仏のご恩を勿体《もったい》なく感ずる」というのです。慚愧がおこれば深く恩を感じ、身を砕かずにおれないのです。

「釈迦如来は実《まこと》に是れ慈悲の父母なり」「釈迦如来」といったら釈迦お一人のことです。けれども釈迦の恩とは何であるかというと、釈迦が阿弥陀を見つけて下さった恩です。「如来所以興出世　唯説弥陀本願海」、釈迦がお出まし下さったのは弥陀の願海を説かんがためであった。だから釈迦のご恩というのは何だというと、弥陀と私を直結して下さったことなのです。それで「釈迦弥陀は慈悲の父母」と、ここから釈迦と弥陀のお二人、二尊になるわけであります。

「釈迦如来は実に是れ慈悲の父母なり」と。この「慈悲」ということについて伝教大師の『山家学生式』に簡潔な言葉がでております。「悪事を己れにむかえ、好事を他に与え、己れを忘れて他を利するは慈悲の極《きわまり》なり」、これが伝教大師の慈悲についてのご領解であります。「己れを忘れて」というところに「正直外己《しょうじきげと》」、己れを外にするというところに慈悲という意味がある。「正直外己」というのは曇鸞の言葉でありますけれども、意味するところは一つです。「正直」ということは「計らいがない」ということです。

それで、聖人が和讃の最初に掲げられましたこれだけのところから、いろいろ関わっている聖人の思想の源泉というものがうかがえるのであります。善導和讃では「われらが无上の信心を発起せしめたまひけり」と、この『般舟讃』のお言葉では「我等が無上の信心を発起せしめたまふ」と、同じなんですけれども、和讃をみますとこういう左仮名がでてくるのです。——聖人の和讃の特色というものは、右に振仮名がついておりまして、更にむずかしい字につきましては左に、この字はこういう意味なんだという解説の言葉が、非常に行届いて書かれている、これを左訓《さくん》、あるいはお左仮名《ひだりがな》と申しております。和讃のこころといったものが、ここにも流れているようで、そのお左仮名だけ読み上げておりましても、一つの音律がでてくるところがあります。今日の私どもは直きに目をもって読んでしまいますけれども、真宗の念仏は称名念仏でありますから、この称えるというところを通さなければ、南无阿弥陀仏が南无阿弥陀仏になりません。和讃も、声に出して讃めたたえるためのものなんです。

『正像末法和讃』に入ります前に、別枠の和讃があります。

康元二歳丁巳《ひのとのみ》二月九日の夜
寅《とら》の時夢の告に云く
　弥陀の本願信ずべし
本願信ずる人はみな
摂取不捨《せっしゅふしゃ》の利益《りやく》にて
無上覚おばさとるなり
　（を）

この和讃をゆめにおほせをかふりてうれしさにかきつけまいらせたるなり

これは国宝本によりますともう一行、後に説明書きがついておりまして、「うれしさ」と書きたいほど聖人の感銘のふかい和讃で、「夢に仰せをこうむった」という。これが阿弥陀如来のお告げであろうか、観音さまのお告げであろうか、聖徳太子さまのお告げであろうかと、いろいろ想像をめぐらされておりますけれども、聖人は自我の計《はか》らいで和讃をお作りになったのではない、悉《ことごと》くが仰せをこうむって、おん催《もよお》しにあずかってお詠いになっておられるのだと思います。それにもかかわらず、夢のなかでこれを感得したということが特記されております。仏法では夢に二様ありまして、一つはこの人生は夢・幻・朝露のようなもの、はかないものだと、これが一つ。同時にもう一つ、人間の配慮が止《や》んで、そこに純粋なものが人間のなかから現われ、計らいをこえて夢はでてくるものなのです。

聖人は十九歳のとき、磯長《しなが》のご廟で聖徳太子にわが進むべき道をたずねておられます。そのときに再び比叡山に帰るように命令を聞かれたのは夢のなかですし、それから二十九歳のときに六角堂で自らの方向を決められたのも、あれも夢のなかの出来事です。三十一歳のときに、結婚に踏切るべきかどうかという迷いのときに、それによって自己の仏法が全く方向を異にしますので、思いを凝《こ》らされて、結婚しなさいという声を聞かれたのも夢の中です。

聖人の夢は、非常に貴重なものです。もう一つ五十九歳のとき、念仏の信心のなかに自力の心がまだうごめいていたということ。他力のなかで自力を発見するというような、二十九歳で雑行《ぞうぎょう》を捨てて本願に帰入あそばした聖人が、五十九歳になってなお自己の深い内面に自力というものを見出して、自力の執心《しゅうしん》の強いことを歎いておいでになる。これも熱にうかされたというか、まさしく夢です。それから聖人の内室のお手紙のなかにも、非常に重要な問題として夢がでてまいります。こういう夢というのは、現実よりもなお真実性をもつ。現実の把え得ないような事実を語るのです。

「弥陀の本願信ずべし」、本願が自分の信心に呼びかけるといいましょうか、「弥陀の本願信ずべし」ということは信心の人にでなければ通じない。信心の人でなければ通じない言葉ですけれども、同時に門戸が開かれている。無限の彼方までひびいている。本願がなければ一切はこわれていく、私のために本願がある。その本願は「信」をもって受け止める。信心がなければ本願は受け止めえないのです。

続いて「本願信ずるひとはみな」と、繰り返し拝読しておりますうちに、これはどれほど愚かでありましょうとも、本願を信ずるものには、その本願の思し召しに叶《かな》っていくことができる。私も排除されていない、除かれたるものとして包まれている、この愚かなるものも捨てられていないのだということが、この第二行のなかにこもっているのではないでしょうか。

「摂取不捨の利益にて」、「摂取不捨」については、聖人のお手紙のなかに、

尋ね仰せられて候摂取不捨の事は、『般舟三昧行道往生讃』と申すに仰せられて候を見まいらせ候へば、「釈迦如来・弥陀仏、我等が慈悲の父母にて、様々の方便にて我等が无上の信心をば開き発させたまふ」と候へば、まことの信心の定まることは釈迦・弥陀の御はからひと見えて候。

とありますように、ここのお言葉がどれほど印象の強いものであったかが、よくうかがえるのであります。

弥陀の摂取にあずかって、わが信心が定まる。本願信ずる人はみな、無上覚をさとることができる、それは摂取にあずかってのことだ。摂取にあずかって信心が定まる、信心が定まると無上覚、大般涅槃《だいはつねはん》をさとることができる。愚鈍の身にも信心一つによってさずかる世界、それは決して仏法の片隅のことではない。私という人間が貧しければ私のいただくおさとりも貧しいかとい

うとそうではない。仏法の至極、大涅槃の境地をいただくのだ。その大涅槃の境地というものが信心の定まるときに直結する。今私は大涅槃がひらけたぞというのではありません、「摂取不捨の利益」として、大涅槃をたまわるのだ。身はいやしいけれどもたまわるものは最高のものである。これが聖人のゆるがぬ信心の内実である。信心の外に大涅槃があるのでなくして、私どもが涅槃を得たい、涅槃をつかみたいという、そういうことでなくして、私にたまわった信心そのものが、大涅槃を抱いておって下さる。こういう喜びが、つねに語られるのであります。

正像末法和讃（正像末浄土和讃）

1

釈尊（迦如来）かくれましまして
二千余年になりたまふ
正像の二時はおわ（は）りにき
如来の遺弟《ゆいてい》悲泣《ひきゅう》せよ

「釈尊かくれましまして二千余年になりたまふ」、これは釈尊からへだたる聖人の立場から、仏滅以後二千余年になった。ところがその二千余年の経過の間に、正法の時代が像法に移り、像法の時代が末法になってはや久しい。我らの迷いの晴れるのには釈迦牟尼仏の教えに遇《あ》わなければならない。その釈迦牟尼仏に遇うことのできない時代に生まれ合わせたものの悲しみ、どうして釈迦牟尼仏の在世に生まれ合わせることができなかったかという悲しみ、これが素直に聖人におこっているのです。「正像の二時はおはりにき、如来の遺弟悲泣せよ」、これほど悲しむべきことがあるだろうかと。人間の大きな悲しみとして、釈迦如来と時を同じうして生まれ合わせ、その教えに会うことができなかったという、それを先ず最初に打ち出される。この思いというものが伝わってまいりませんと、聖人のみ教えというものがぼけてしまうのです。

私どもは何を悲しむのが本当の悲しみであるのか、実は悲しみがなんであるかを知っていないのが私どもであります。私どもの功利的な人生観というものは、何とかして悲しみに合わない人生でありたいとねがう。それで真に悲しむべきことを知らない。だからまず「悲しむべし」というのです。悲しみを通さないではこの世界は読めない。何が悲しいか、釈迦如来からはなれて二千余年も後の世に生まれた、これを悲しみなさいと、こう私たちに呼びかけて、その悲しみは悲しみでありつつ、悲しみをこえる世界を開くのです。

聖人において正法時代が立派であることに変わりはない、けれども事実において正法・像法の時代は終った、これが自分の身の上における厳然たる事実である、今や末法である、こういうことであります。ですから大体聖人以外は、末法ということが、人間の下降だけを意味して、時代が衰弱した、時代が悪くなった、人心がとげとげしくなった、信頼すべき人間がなくなってしまった。このように末法というものは時代が衰弱し、人間の本来性がだんだん失われていくという受け止めしかできないのでありますが、聖人はそのどん底で一つ転換してこられるのです。聖人においては、末法五濁《ごじょく》の世というものに対して痛切なる悲しみはお持ちになっておりますけれども、如来の本願に遇いたてまつってみれば、如来の本願に遇いたてまつることができたのは、末法に生まれたからであるとの転換がある。末法になったというと、何もかも光が失われていったように思うのですけれども、如来の本願に遇いたてまつることができてみれば、末法に生まれたことがかたじけないではないかという大いなる転換があるのです。これがこの『正像末法和讃』の魂ではないかと思います。しかも、如来の本願は正・像・末の三時をとおして輝きつづけていたのであった。正法・像法の時代にはいろいろな教えが華やかにでておったために、かえって本願の光というものを受け止めるときがなかったのだ。今や末法、あらゆる教法が滅んでいった、私たちを教え導くものが匙《さじ》を投げて、如何《いか》なる薬をもってしても飲もうともしない、薬の値打もわからない、こういう輩《やから》はもう駄目だとして、すべての教法がすがたをかくしたに拘わらず、如来の本願だけが、われ救わずば止まずと、末法の世に輝きわたって下さったのだと、こういう受けとめがつぎに続いておるのであります。

2

末法五濁の有情《うじょう》の
行証かなはぬときなれば
釈迦の遺法《ゆいほう》ことごとく
龍宮《りゅうぐう》にいりたまひにき

「五濁」というのは『阿弥陀経』の五濁悪世、劫濁《こうじょく》・見《けん》濁・煩悩《ぼんのう》濁・衆生《しゅじょう》濁・命《みょう》濁という、五つの濁りです。「劫濁」というのは、「劫」というのは長い長い時間の単位です。そうすると「劫濁」というのは時代の流れがすでに濁りだというのです。「見濁」というのは自分を動かしている根本的な見方、それが濁っているのです。「煩悩」というのは私の煩悩によって世を煩《わずら》わすということです。単純明快なすじみちです。

つぎは「衆生濁」、衆生とは衆多の生死あるもの。この頃の仏教の新しい言葉づかいとして、衆生ということを生きとし生けるものといいますが、それはおかしいと思います。衆生というのは如来の哀愍の言葉、如来があるによって意味をもつ言葉。ただ生きておるものというのではなしに、生と死に迷うておるものへの如来の悲しみの言葉です。最後は「命濁」、私の命が世を濁らしておる、私にとっては全く思いがけないことです。仏法というのは私の思いをつぎつぎと破っていきます。私どもは迷いの心から私を考え世を見ますが、仏語というのは覚りの世界から私のためにでてきた言葉でありますから、すべてが思いがけないことなのです。

「有情」というのは「衆生」の新訳です。中国ではだんだん新しい翻訳家がでてきて、同じお経を新しい方法で翻訳していきます。『大無量寿経』でも異訳といって翻訳者によって大きく異なっている。聖人はその異訳に注目されまして、「衆生」といっておったものを、これは「有情」と訳した方がぴったりなんだと感じられたのでしょうか。この和讃は八十歳半ばですから、そのころになって「有情」の方がいいとお気づきになったようです。では「有情」というのはどういうことか。迷情、迷いの情《こころ》をもったもの、あるいは有に執着する迷いのこころ。私どもの生涯を思えば、みんなこの有るということを追い廻してきた。物がある、智慧があると、有るということにかかわって来た。この有るということによって救われない、救われないのだけれどもそれを追い廻してきた生涯である。有情というのは私どもを的確に言いあらわしております。

その有情も末法五濁の有情であって、「この世は悪くなりたりとしるべし」と、そういう左訓がでておりまして、そのつぎに、そういう有情であるから行も証もかなわない、そういうときだからという。教・行・証、書名も『教行証文類』、教というのは所依《しょえ》、『大無量寿経』を所依の経典とする。それから行、修行の行の字です、念仏を称えることを念仏修行という。それから証、その修行によって何を得るか、所得。こういうふうに所依・所修・所得、これが教行証。その教・行・証を全うして、私のうえに生きたものになってくるのが能、はたらき。能所といいます。所に対してはたらきかけ、それをわが力とするものが信であります。教・行・証というものが信によってみな生きてくる、こういうことです。「真宗の教行証を敬信す」であります。

行・証は念仏申して浄土に生まれて大涅槃の身となると、こういうことなんですけれども、今の和讃はそこまでいかずに、聖道の仏法においては、行じて証を得るものがなくなったというのです。「末法五濁の迷える人たちは、行も証もかなわない時になったので、釈迦がお遺《のこ》し下さったお法《みのり》は、みな龍宮にかくれておしまいになりました」。この「龍宮」の左に解説が見えます。「八大龍王の都なり」と。八大龍王、これは雨の神です、「ときによりすぐれば民の歎きなり八大龍王雨やめたまへ」、雨の時期の歌で源実朝の作です。その八大龍王のみやこ、法性《ほっしょう》常楽のみやこ、娑婆《しゃば》世界はいなか、聖人にはこのような表現がありまして、博物館か図書館にお経がおかくれになって、しばらく時を待つことになりましたと、こういうのでしょうか。

弥陀の本願ひろまれり
像季末法《ぞうきまっぽう》のこのよ(世)には
諸善龍宮にいりたまふ

末法に生まれたおかげで弥陀の本願に遇うことができた。本願に遇うてみれば末法に生まれたことがかたじけないと、これが聖人の感知であります。ただ末法だけでなく、「正像末の三時には弥陀の本願ひろまれり」。だから末法なればこそというのと、末法で遇うことができたについては正法の時代にも像法の時代にも、弥陀の本願はひろまりつづけていて下さったと、この二つとも聖人のおこころです。本願を通して正法も像法も輝いているのです。

つぎに第三行にまいりまして「像季末法のこの世には」、「像季」というのは〝像法の時代のおわりごろ〟ということです。そういう「像季末法のこの世には　諸善龍宮にいりたまふ」。諸善というのは、釈尊のみのりを諸善という。そうしてここにまた龍宮がでてきます。ご開山の宗教的思考法の上に浮かべられたものとして、龍宮というのをどういうふうに思し召《おぼしめ》しておられたか、もう一つおたずねしてみたいところであります。

4

大集経《だいじっきょう》にときたまふ
この世は第五の五百年
闘諍堅固《とうじょうけんご》なるゆへに

白法《びゃくほう》隠滞《おんたい》したまへり

「大集経」というのは『大方等大集月蔵経《だいほうとうだいしゅうがつぞうきょう》』というのが具名です。その経に、正法・像法・末法というものを五つに分けてある。正像末といっても、念仏を受けとめた立場からの見方によるもので、これは仏法史観です。五つに分けるのもいささか無理なようですけれども、どういう分け方をしておるかというと、一、解脱堅固、二、禅定三昧、三、読誦多聞、四、多造塔寺、五、闘諍堅固の五時代に分けられまして、今の場合は「この世は第五の五百年」、これだけを受け止めればいい。「闘諍」はあらそい、「堅固」というのはさかりと説明されます。「さかり」というのは闘争心が燃え上がる。一切の争いが燃えさかっている。だから「大集経というお経に、つぎのようにのべてあります。この世は第五の五百年にあたりまして、ただ闘い諍うすがただけが燃えさかって、一切の善根が隠れとどまられました」というのです。「白法」の左訓は「よろずの善根《ぜんごん》」。「隠滞」というのは「かくれとどまりたもう」。その横にさらに「龍宮へいりたもうなり」と書いてあります。ただ滅んでしまったというのでなくて、「龍宮」に隠れて待機しておるというのです。

5　数万歳《しゅまんざい》の有情も
果報やうやくおとろえて（へ）
二万歳にいたりては

なかなか単位が大き過ぎますので、わが国へまいりまして、「万歳の人身をうけたりといえども」というお言葉になって生きてもおりますが、数万歳の命をいただいておる有情も、だんだん果報が衰えて、二万歳までおちてしまう。こういう数の単位が、私どもの人生わずかに五十年とか人寿百歳とか、そういう観念事実とあまりに違っておりますので、これを聖人がどのような具体的感銘をもって、経典の言葉を受けとめられたのであろうかということに思案をめぐらします。しかしながら、私どものこの時代に、いろいろな理由により平均寿命が長くなっていくことで、自然に対する人間の戦いの勝利である、あるいはそれだけ人智が勝れ、賢くなってきたのだという、こういう現代的思考の根本にありますものと、これは全く逆なお言葉です。時代が衰えてきたので、仏のお心を受けとる力が衰えて、人間のいただく定命でさえこれほどの落ち込みかたで人間の命が短くなっていく。こういうことを聖人が真剣に受けとめられまして、この事実を名づけて五濁悪世と痛感し、五濁悪世の具体的なすがたとして、定命が短くなるとみたのである。聖人は自分を代表とする人間の業の貧しさというものでもあるのか、どうしてこういう時代に生まれなければならなかったのかという、人間の底知れないところへ落ち込んでいきつつあるような、そういう恐れおののきをもって、この経典のお言葉を受けとめておられるところであります。

この二行目のところ、顕智本によりますと、「果報」のうえに、お経の名前がでて、「悲華経に云う」と。「悲華経」というのは『大乗悲分陀利《ふんだり》経』、「分陀利」というのは蓮華、それで略されて『悲華経』という。このお経にこういうことがでておる、「はじめて五濁悪世に入るとき人寿二万歳、盲《めし》いて慧眼なし」。この言葉に聖人が感銘されまして、この和讃が製作されたわけであります。この『悲華経』は曇《どん》無《む》讖《しん》という人の訳で、弥陀の本願の出る「大施品」が「行文類」に引用されます。どうして翻訳者の名前を出したかといいますと、聖人は『大般涅槃経』に非常に依りかかっておいでになるということがあるのです。

　こういうことに私は今強く心をひかれておるのでありますが、その『大般涅槃経』には北本・南本というのがある。その北本、これは南本より先に出来たものですが、その『北本・涅槃経』を訳された人がこの曇無讖です。聖人は南无阿弥陀仏にすべてを凝縮するために、非常に広くお読みになっておられますので、そのあたりまで多分お読みになっておると思いますが、この曇無讖というのは、自分の所属しておる国よりもう一つ優勢な国から所望されまして、あなたの国の曇無讖をわしの国へほしいと。中国の帝王というものは仏者をあつく待遇いたしまして、そこに人間国宝といいますか、最高の価値を認めておりましたので、曇無讖をゆずってほしいと。ところがゆずれないという、そういう国と国との軋轢《あつれき》がありまして、そこにどういう力がはたらいたものでしょうか、今の『北本・涅槃経』というものはまだ充分なものでない。もっと西域地方などに『涅槃経』の他の部分が残っている、それを求めて纏《まと》めることによって、はじめて『涅槃経』の思想が完成する。それを求めたいという曇無讖の心をみて、そこは非常に残酷なんですけれども、そのお経を求める旅に出しておいて、自分の部下をつかわして暗殺するわけです。曇無讖の菩提心を生かしてやりながら、その旅に出発させておいて、対立国の羨望《せんぼう》に困惑して途中で暗殺しておる。お経というものが伝わってくるについて、こういう尊い血が流されている。こういうことを聖人も必ずやお読みになっておるに違いないと、私は推し測るわけです。それで和讃をお作りになりましても、そういう尊い曇無讖の訳されたものだということで、和讃のうえに、わざわざ「悲華経に云う」と、こういう言葉を添えられたのではなかろうかと思います。

それから只今の「果報」ということですけれども、『末燈鈔』に、

ましてをのをののやうにおはしますひとびとは、ただこのちかひありとききて、南无阿弥陀仏にあひまいらせたまふこそ、ありがたくめでたくさふらふ、御果報にてはさふらふなれ。

とあります。お念仏を喜べる身を「御果報」という。だから果報ものというのは、お念仏の喜びを知った人のことをいうのです。こういう聖人のお気持ちから反転して只今のところへまいりますと、「果報やうやくおとろへて」、仏心をいただくそういう果報がだんだん衰えてきたというのです。私はここに両面いただきたいと思うのです。仏法に遇いえる果報からだんだん見離されて、つまり果報が衰えてそのどんづまりにおいて、お念仏によって与えられる果報。まことのご果報をたまわる身に私どもがしていただくのは、こういう五濁悪世の末法の世に生まれたからであるのです。こういうように、これは二つの意味を開いてくると、こう私は受けとめております。

6　劫濁のときうつるには

有情やうやく身小《しんしょう》なり
五濁悪邪まさるゆへ
悪龍毒蛇のごとくなり

「劫濁」というのは時代の濁り、時代の濁りが映っている証拠として、「有情やうやく身小なり」と。身体がだんだん小さくなっていくという、これをどういう事実として受けとめられたのであろうか。聖人はどういう思いをこめて詠いあげておられるのか。これは私どもの解釈をあまり入れてはおかしいと思いますので、聖人の思し召しに叶《かな》う思案はいかなるものであろうかと、私の思いつづけておるところなのです。

この和讃から四首の和讃は、善導和尚の『法事讃』からいただいておられます。善導は非常に酷しいことをのべる。念仏に成り切っておられたからか。私どもが身の上に申し分があるというのは、それは念仏に徹し切っておらないからか。これは言い過ぎでなかろうかとさえ思い、身の震えを覚えます。この点が私どもの苦しむところであります。

「五濁悪邪まさるゆへ　毒蛇悪龍のごとくなり」。これは「正像末法和讃」の最後の「愚禿悲歎述懐」、ここにまたあらためて「蛇蝎奸詐」というふうに、もっと強いかたちででております。この「悪龍毒蛇」の左訓には、「ひとのこころ悪のまさること」、この時代には人間の心がわるくなっていく。そして「悪龍毒蛇のようになるなり」と。経典はインドで出来たものでありますから、この毒蛇悪龍というのは非常に生々《なまなま》しいわけです。そのインドの生々しい言葉のままを善導は用いておられる。その善導の言葉を、聖人が仰せのまま受けとめて詠っておられるところであります。

7

无明煩悩《むみょうぼんのう》しげくして
塵数《じんじゅ》のごとく偏満す（遍）
愛憎違順することは
高峰岳山《こうぶがくさん》にことならず

善導の『法事讃』が、聖人によってどういうふうに詠われていくか、和讃されるお心の道筋がわかりますので、もとの言葉を書いてみます。

無明頑硬にして高峰に似たり、悩濁遍満塵数に過ぐ、愛憎違順岳山の若《ごと》し。

「無明頑硬高峰に似たり」、「無明」というのは私どもが仏意に目ざめないこと。仏法というのは無明を破って明《みょう》の世界を開くという、これが根本です。人間存在は無明である。だから仏は明の心のすがたをもっておられるので、明の境遇にあられる方は、無明を破らなければ止まない。無明の人をみて黙っているわけにはいかない。無明を転じて明とするという、これが仏のおはたらきそのものです。無明にある人は無明の恐ろしさ、無明の哀れさを知らない、こういう関係です。しかもこの無明が破れてもさらに問題がおこるのです。

已能雖破無明闇　貪愛瞋憎之雲霧　常覆真実信心天

「已に能く無明の闇を破すと雖も、貪愛・瞋憎の雲霧」というあのお言葉の流れです。私どもにはできることとできないことがある。私の無明が破れたならば一切は解決するかというと、「無明の闇を破すと雖も、貪愛・瞋憎の雲霧、常に真実信心の天に覆えり」、無明は破れたけれども煩悩は破れるものでないという問題です。はっきりと無明というものと煩悩を分けていられるのです。無明は南无阿弥陀仏を称えることによって破れる。けれども無明は破れても煩悩はある。煩悩はいのちの終るまで止まないと、これが聖人の無明と煩悩との非常に明瞭な分析です。

ところがなかなかむずかしいのは、只今の和讃、「無明煩悩しげくして」、無明と煩悩が一つに結びついて、そして「塵数のごとく遍満す」と。善導のこういう文字をながめておいでになって、この和讃が生まれてくる。だから原文をみていただくと非常に面白いのです。それで「塵数のごとく遍満す」の横に、「ぼんのうあくごうまさりて、ちりのごとくよにみちみつなり」との左訓があります。こういうお言葉によって知られますのは、聖人は「煩悩」といえばその後に「悪業」という言葉がでてくる。それから「悪業」という言葉がでてくるとその後に「煩悩」という言葉がくる。これは別にどちらが先ということはない、悪業煩悩・煩悩悪業と。だから悪業というような言葉と結びついてくるのでありますから、煩悩は消えないからといっておいでになりますけれども、わが身が煩悩のおこる身であることにいたたまれないような思いで、悪業の身をあわれんでおいでになります。こういうところは、私どもが忘れてはならないと思います。

「愛憎違順することは高峰岳山にことならず」、「愛憎違順」というのはどういうことか。愛は順境のうえにおこる。順境というのは、私はお陰さまでいい境涯だと、自分が都合よくみえるところに甘えて、勝手な喜びをやっておるのが順境。そういう順を愛する。そして違境というのは私の心に背《そむ》いた状況、こんな筈《はず》ではなかったという状況です。その出来事を私どもは甚だ憎みます。順境を愛し違境を憎む、これが「愛憎違順」ということであります。だから、心にまかせたといって喜び、心にまかせぬといって泣き、これがあざなえる縄のように、私どもの生活のうえに、さまざまなかたちをあらわしていくわけであります。

8　有情の邪見熾盛《しじょう》にて
　　叢林棘刺《そうりんこくし》のごとくなり
　　念仏の信者を疑謗して
　　破壊瞋毒《はえしんどく》さかりなり

「有情の邪見熾盛にて」、「邪見」とは、仏法によってほんとうにものの見える目をいただいたすがたを正見、邪見というのは仏法のまなこが具わっていない目と、こういう意味です。邪見といいますと何か底意地のわるい人と、そういうふうな日本語ですけれども、仏のお心に背いた見方しかできない、これが邪見です。そういう有情の邪見が燃えさかっておる。それは「叢林棘刺のごとくなり」。「叢林棘刺」、この左訓、「くさむら、はやしのごとく、むはらからたちのごとく、ぼんのうあくまさるべし」。ここでは「煩悩悪」となっておりますが、煩悩の燃えさかるすがたというものが、いばらやからたちのように、わが身を苦しめ人を苦しめておる。こういう私どもが密林のなかに迷い込んだような、自らの煩悩によって自らが煩悩の海に迷い込む、私が腹を立てて私自身が正見を失う。そういう邪見の人が、「念仏の信者を疑謗して　破壊瞋毒さかりなり」。聖人は「念仏の行者」とおっしゃる方が多いのでないかと思います。「行者正受金剛心」です。念仏があって、念仏のなかから信心が生まれますから、「信者」というと誤解をまねくとお考えになったというふしがみられます。「行者」というなかには私心が混《まじ》らない。念仏申すというのは、私の心が破れて仏の心に帰っていく。これは私の念仏だということはないのです。念仏は私を救いあなたを救っていく。念仏はどなたの口からもれましても、自他ともに救われてまいります。「信者」といいますと、私は信心をもっている、彼は信心をもっていないと、こういうように私と人とを区別するようにはたらいてしまう。あの人は信者だというと他の人は皆信者でないように聞こえる。それで聖人のお心としては「行者」の方が間違いない、こういう思し召しでなかろうかと思いますけれども、事実ここに「信者」とでておりますから、私は「念仏の信者」そのまま「念仏の行者」と、こう受けとっておるわけです。

「念仏の信者を疑謗して　破壊瞋毒さかりなり」「やぶり、ほろぼし、いかりをなすべし」、との解説をみます。「瞋毒」というのは腹立ちの恐ろしさを毒という。私が腹を立てれば私の身体にそれだけ毒がまわっていく。さらに私が腹を立てるということはあなたにまで毒をそそぐ。こういう腹立ちの内容を「瞋毒」と、こういうてあるわけであります。これはもとにさかのぼって申しますと、善導のころに念仏者が他から受けた迫害です。これほどにまで念仏する人が迫害に遭うておるという事実をそのままお詠いになっておられるところであります。善導の時代の状況というものをそのまま受けとめて、法然上人とともに念仏迫害のなかに生きていかれたのでありますから、まさしく善導が身をもって苦しみ悩まれたことが、私の悩みでもあり苦しみでもあると申されるのであります。

9

命濁《みょうじょく》中夭《ちゅうよう》刹那《せつな》にて
依正《えしょう》二報滅亡《めつもう》す（し）
背正帰邪《はいしょうきじゃ》を（ナシ）こ（まさる）のむゆへ
横《おう》にあだをぞおこしける

命濁中夭刹那の間なり、依正二報同時に滅し、正に背き邪に帰して横《よこざま》に怨《うらみ》を起こす。

「命濁」というのは命の濁り。命の濁りというのは、命がだんだん短くなる。「中夭」というのは若死、志を遂げずして終わっていく。「刹那《せつな》」というのは仏法の時間の単位で、長い方の単位は劫、短い方は刹那《せつな》、これ以上短い時間はないというのが刹那。「依正二報同時に滅し」、この「依正二報」というのは依報・正報ということ。正報というのは私のこの身、それから依報というのは私の環境です。仏法は因果を離れては存在を見ませんので、私というものもいろいろな過去の業の報いとして、私というものが今ここにある。この身はそういう業報の身である。私の業報としての環境たる私の衣食住、こういう依報も正報も一切が、五濁の世にはなくなってしまう。

「背正帰邪して横に怨を起こす」、この一行を聖人は二行に開かれたわけです。「背正帰邪」、正というのは正法、正見、仏法です。だから仏法に背き、邪道に帰する。邪道によりかかる、たのむ。そういうことであるから「横にあだをぞおこしける」。「あだをおこす」というのは、そういうことであるから人間関係が敵対関係になってしまう。ここの左仮名は、「よこさまなるこころのみあるべしとなり、五濁の世のありさまなり」。先程から四首つづきまして、『法事讃』の言葉のまま、非常にきびしい言葉をもって、本当のことを知らない、仏法の正意を知らない人たちによって、ここまで念仏者が迫害をこうむっておる。これが五濁の世としてのすがたなのだ、だから中国のすがたそのままが日本の現状として詠われておるのです。

10

末法第五の五百年
この世の一切有情の
如来の悲願を信ぜね(ず)ば
出離《しゅつり》その期《ご》も(は)なかるべし

この一首は『法事讃』をはなれます。聖人の末法史観というものには、三時観と五時観とあって、正・像・末という三つの分け方と、全体は同じなんですけれども、それを一区切り五百年として、五つに分ける五時観とがある。今は五つに分ける方で「末法第五の五百年」と。これは第四首の二行目三行目にでておるところの「この世は第五の五百年、闘諍堅固なるゆへに」と。末法第五の五百年に入ったのであるから、如来の悲願を信ずることがないならば、「出離その期もなかるべし」。「出離」というのは迷いを離れるということ。この「生死出離」ということが法然上人にも聖人にも貫いております。九歳のおん時に、何につき動かされて比叡山に登られたのであったか。聖人の滅後にご内室が娘さまに宛ててお書きになりましたお手紙のなかに、「生死《しょうじ》出《い》づべき道」という言葉が見えますが、これは聖人が折に触れて語られたものでしょう。生死出づべき道を求めて、それで比叡の山に登られた。山を去って法然上人のもとへたずねていかれるのも「生死出づべき道」を求めてなのです。こういうご内室の言葉を拝見しますと、聖人は七つ八つの幼年のときから、内面から呼びかける声を聞くことのできるお方であった。あなたは「生《しょう》死《じ》出づべき道」を求めて進みなさい、父や母に早く別れたというようなところに止《とど》まっておってはダメだと、こういう内面の声というものを聞いておいでになった。そしてそういうものが聖人の一生涯を貫いておるということが、この一行において思い合わされるのであります。

「出離その期もなかるべし」、私らにとっては生死の迷いを出で離れること、これが私の生涯に課せられたる大問題であり大事業である。もし五濁悪世のこのときに、如来の本願を信ぜずしては生死を出離する道はない。この第九首まで、ちょうどトンネルの中に入っておりまして、暗いなあと思っておりますと、ここに「この世の一切有情の　如来の悲願を信ぜねば」と、何か一つここに道が開けてまいったようです。『正像末法和讃』というのは、末法であればこそ如来の本願に遇いたてまつることができた、末法に生を受けた意味の発見です。そういう転回を詠われたもので、実に自由自在です。ご自分の念仏の世界、信心の世界を詠いあげていくのですから。そうでありながら、『法事讃』の言葉そのままに依ってお詠いになって聖人は一行一句も私意を交えた言葉というものをお出しにならないという点、慎みぶかい。経論によるか、七高僧によるか、経論が七高僧の身体をとおってでてきた言葉をいただかれる。この辺はたいへんな仏法力だと思います。そういう慎みというものがつねにはたらいている。それでいて、善導も及ばないような世界を開いておいでになる、こういうことがうかがえてまいるのであります。

11

九十五種世をけがす
唯《ゆい》仏一道きよくます
菩提に出到《しゅっとう》してのみぞ
火宅《かたく》の利益《りやく》は自然なる

先ず善導の讃言を読みましょう。

九十五種皆世を汚す、唯仏一道独り清閑《しょうげん》、菩提に出到して心尽くる無し、火宅に還来して人天を度す。

この『法事讃』の文を見れば、いかに聖人が全面的に原文によりかかりながら和讃をおつくりになったかよくわかります。「九十五種世をけがす」、断定です。「九十五種」というのは、人間を救うような顔をしてのべられているさまざまな教え、それら全部を「九十五種」という。実に堂々たる宣言です。「唯仏一道独清閑」というのを、「唯仏一道きよくます」と。「唯」というのが要です。日本人は単純化するというような、そういうことだけではない。インドでも仏法は滅び、中国でも力を失い、真に仏道が立っておるのは日本ですから。道元禅師は「只管打坐《しかんたざ》」、坐るだけ、一切を切って捨てて坐る。法然上人は「三選の文」によって、さしおき、なげすて、かたわらにして、念仏称えること一つ。それを受けとめて聖覚《せいかく》法印の『唯信鈔』の念仏一つ、そして聖人の「信心一つに定めたり」と。こういうただ一つ、それ一つによって一切が生きてくる。「唯仏一道独清閑」、これを一つ和讃にしてみよといわれても、「唯仏一道きよくます」というような、あざやかな言葉はでてこないでしょう。見事に言い切られる。「世をけがす」、南无阿弥陀仏以外は世をけがすばかりだという。私どもにもお念仏をとおして、そういう気魄《きはく》がこもってきそうに思いますけれども、どういうものでしょうか。「きよくます」ということは、ただ仏の一道だけが世を清らかにし静かにする力をおそなえになっておるということです。

「菩提に出到してのみぞ」、「ほとけになりてぞ、たすくべき」と、あざやかに左訓されております。「菩提に出到して」という、これは左訓がなければちょっと解りません。仏道だけが光り輝いておる、この清らかさを見よと。だから何よりもまずその清らかな仏道を歩んで、仏になって何をするのかというと、有情をたすけるのである。そして「火宅の利益は自然なる」、「火宅」というのはこの娑婆世界のこと。「利益」というのは救うということ。仏になるならば娑婆世界を救うのは楽楽したもので、自然の道理にしたがって果し遂げることができるのです。

12
五濁の時機いたりては
道俗ともにあらそい（ひ）て
念仏信ずる人（ひと）をみて
疑謗《ぎぼう》破滅《はめつ》さかりなり

更に『法事讃』が続きます。

五濁増すの時多く疑謗す、道俗相嫌いて聞くことを用いず、修行する有るを見て瞋毒を起こし、方便破壊して競うて怨を生ず。

「五濁の時機」、「五濁」というのは、さきに詳しく申しまして、お心にとどめていただいたとおりであります。「末法五濁の時節が到来して」と、「そういう末法のときがやってきている」と、こういうことなんですけれども、その「時機」ということについて、「時」は「とき」と示してありますから、これはいいですが、下の「機」に、「うじょうとなり」と、こういう解説がでております。そうすると、「時」は末法、「機」は五濁と、「末法の時に生まれあわせた私」。聖人は非常に現実的な、わが身のありのままに立ち、自己は今どういうところにおかれているのかと、そういう自分を凝視《ぎょうし》していかれますから、「時」といいましても自分をはなれた時ではない。自分が今ここにおかれておる時、その「時」をはなれて自己はないし、自己をはなれて「時」

はない。そこに自己がある、そこより他に自己はあり得ない。こういうふうに、自分の存在というものを、末法のただ中に見出しておられるのです。

『法事讃』では、その五濁が増してきた末法の時には、疑謗が多いと、こういうことがでてありますが、それは第四行目になりまして、「疑謗」と、用いておいでになります。だから第一行目は「時機」のことだけをいって、第二行目になりますと「道俗ともにあらそう」。この「ともにあらそう」というのも、『法事讃』の方が非常に詳しいので、「道俗相嫌いて聞くことを用いず」と。これは非常に行き届いた、大切な善導の言葉だと思います。「道俗相嫌う」、「道」というのは出家者であります。仏道の一筋道を歩むことのできる人、仏道にある人、これが「道」です。それから「俗」というのは、仏道の重さを知らない人、世俗にだけ心を用いている人、生死の迷いを離れなければならんということに未だ目覚めていない人、これが「俗」です。けれども、聖人は如何なる場合にも、自らを高しとして、宗教心の芽生えた人を高いところにおいて、宗教心の芽生えのない人を低くながめると、そういう見方はないのです。そういう道・俗が「ともにあらそふ」。出家者は出家者どうしあらそい、在俗の人は世俗互いにあらそいばかりやっている、これが末法のすがたなのだ。そしてなお、世俗の人は道にある人の心がわからないのに、道にある人とあらそっている、こういう三重です。「道俗ともにあらそふ」。「道俗相嫌いて聞くことを用いず」。この善導のお言葉をよく把えた表現だと思います。「聞くことを用いない」、道にある人は世俗にある人の声を静かに聞こうとしない、ただ威圧的に仏法を語ろうとするから人は逃げてしまう。また世俗の関心に生きておる人は、道にある人がどういうことを説こうとしても、それに虚心坦懐に耳を傾けて、その筋道を聞こうとしない。「道俗相嫌い」というのは、仏道に歩む人と世俗にある人と嫌い合っている。これは善導が中国にあって、時代からそういうものを把握された、それをそのまま聖人が、日本の時代相として、どうして道俗がこのように睨み合わねばならんのだろうかと、そういう現実をおさえて詠われております。

そのつぎに、「念仏信ずるひとをみて」。これはもとの言葉ですと、「修行することあるをみて」とあります。「修行」というのは常に念仏修行ということです。ここで「信ずるひと」というのは「念仏を信ずる人」です。「行ずる」ということと「信ずる」ということが、聖人では一つなのですけれども、ところが世のなかの人は、「行者」というと特殊な、自力聖道門の、仏教臭さを誇りとしておるような、自分のやっておる行を誇りとしておるような、そういうのを「行者」という。それからもう一つ、今日私どもの感覚でもわかるのですけれども、聖人はこれを鋭く見抜いておられまして、「信者」と申しますと、今日の感覚でも「あの人は信者だ」と、こういう表現をとりましたときには、普通の世俗の目でみて一風変っていると見て、あまりその人を尊敬しない。そういうふうに「信者」というと、「信ずる人」というふうに生きて使われないということがある。こういうことに対する聖人の鋭い感覚というものがありましたようで、「信者」という言葉を用いずに、「信ずるひと」と表現されました。

それから「信者」ということになりますと、その人が固定してしまう、信によって自分の生活が日々新しく動いていくべきであるのに、その動きが止ってしまう。「信者」という看板にかくれて、その人の自在性がうすくなってしまう。こういう言葉の感覚です。この場合ももとの『法事讃』は、あきらかに「修行」、念仏修行であります。

「念仏信ずるひとをみて　疑謗破壊さかりなり」。「さかりなり」は両面の使い方が見えるのです。「念仏往生さかりなり」、「疑謗破滅さかりなり」。こういうふうに詠われますと、聖人の苦しみ悩みの念《おも》いが吹き出しておるようにもみえるのです。聖人は自分が念仏を信じておればいいと、こういうことでなくして、常に念仏が歩むためにはこれだけの世間の荒波とたたかわねばならない。世間は念仏をそのまま受けとってくれるものではない、そういう世間は放っておけと、こういうことではなくして、常にその世間と関わりがある、世間と関わりなしに歩めるものではない。そういう聖人の温かいお心が動いておる。こういう現実をはなれて自己はない。だから『法事讃』の言葉をそのまま詠って、そこに苦しみが溢れておるようでありますけれども、そこに如来の大悲に動かされた聖人として、このように詠わなければならなかった思し召しをいただきたいと思います。

第四行でありますが、『法事讃』では「方便破壊」これがちょっと問題なんです。和讃には「破壊」というのが「破滅」とあらわされております。これは第一行目にでるべくして四行目に「疑謗」、これははずすわけにいかないと。五濁のまさるときには疑謗の心が多くなる。「疑謗」というのは、世間の人が念仏の信心というものを、ああ尊いことだと素直に受けとろうとしない、ということが「疑」です。これは「疑いなく慮《おもんぱか》りなく」と、こういう信心というものは疑いのない世界だという、そういう信に対する疑いではなく念仏の信者の尊さがみえないということです。念仏の信心というものをわからずして軽蔑する。これは今日、私どもも身に感ずることができるのであります。

それからこの「疑謗」の「謗」というのも、「唯除五逆誹謗正法」というときのような重みをもった「謗」でなくて、ただわからずに、ただいたずらに謗っておるということです。

13

菩提をうまじき人はみな
専修《せんじゅ》念仏にあだをなす
頓教毀滅《とんぎょうきめつ》のしるしには
生死《しょうじ》の大海《だいかい》きわもなし(は)

前の二首に続いて『法事讃』の余韻《よいん》が残るところですが、「頓教を毀滅して永く沈淪す」だけが相応します。しかも善導讃第二十三首に「本願毀滅のともがらは」と、すでに同調が詠われています。

「菩提をうまじき人」は、このあたりの讃詠の中で、どのような限定が意味されているのか、いささか解しかねるところです。仏果菩提に心を向けることもことさらに拒否しようとする人でしょうか。菩提をいのちとして生きねばならぬという人間の必然にも、全く無関心を装う現代の重患をも、ここに読みとることができるようです。わが身のうえに宗教性を欠除する人は、他の念仏行を修して仏法を喜ぶ人を憎みきらって害を加えるのです。

「頓教」というのは、漸教に対するもので、仏果菩提をえるために漸々段々に長い歳月を要する漸教とは逆に、頓速に成仏できる本願一乗の教法なのです。この頓教一乗を「そしりほろぼす」その結果は、生死の暗い大海にただよわされて、はてしない流転が続くのであります。生死の迷いを救う教法が眼前にありながら、それがふみにじられてゆく悲惨を、黙視しえない苦渋が骨身に迫ってきます。

本願があればこそわが救いが成就するのに、その本願をそしる者に「汝生死のくらがりにある人よ、痛ましいことだ」と呼びかける哀愍の情がにじみ出ています。専修念仏にあだをなしているのは、念仏に非があるのではなくして、あだをなす当の本人の無求道性をかえりみてほしいと訴えているのです。

14

正法の時機とおもへども
底下《ていげ》の凡愚《ぼんぐ》となれるみ(身)は
清浄真実のこころなし
発菩提心《ほつぼだいしん》いかがせむ(ん)

この第十四首の最後の「発菩提心」、それから前の第十三首の最初に「菩提」、それから第十五首の最初に「菩提心」、第十六首の三行目に「大菩提心」と、大体このあたりは菩提心の問題が貫いております。聖人が菩提心というものを、どのように受けとめようとしておいでになるかということが、だんだんはっきりしてまいると思います。

そこで、和讃のお心をいただくのには、やはり和讃に依るべきだと思いますので、「浄土高僧和讃」の「天親菩薩」のところを見ますと、第七首、第八首、第九首にわたりまして、聖人の菩提心についてのお心がでております。願作仏心＝度衆生心＝信心＝一心＝金剛心＝菩提心＝他力、これがみな「すなはち」でつながっておるのです。この中心は信心です。信心のはたらきです。信心は願作仏心となってはたらき、度衆生心となってはたらく。中心は信心でありますが、ここに菩提心＝信心と、こういうかたちででてきます。少しさかのぼって聖人の菩提心というものの根底に触れてまいりますと、法然上人が菩提心を発さなくても仏道というものが成り立つといわれた。そのために遂に流罪にまでお遇いになるというように、事情が悪化していったわけです。

仏道というものは菩提心によって成り立つ、まず菩提心を発《おこ》しなさい、菩提心というものがなければ、私どもの仏法への近づきというものは全部落第になると、これが仏道です。それを法然上人は、一声でたすかる教えからみれば、私どもが菩提心をおこす必要がない。菩提心をおこすことの不可能なものに菩提心をおこせといっても意味がないと言われた。聖人は、法然上人があのように仰せられたのは、如来から廻向《えこう》された信心こそ、菩提心のはたらきをもっているのだと積極的に打ち出してこられたわけです。

この問題と関連して、重要なことがもう一つあります。仏法というものは、実は「廻向」の道です。「廻向」ということは、私から如来への関係です。私の全力をあげたものを捧げる。ところが法然上人は先の菩提心と同じように、「不廻向」という言葉をつかわれたのです。この「不」というのは、「廻向はいらない」という意味。これは先の菩提心と同じで、仏道の変革です。ところが聖人は、法然上人の「不廻向」は、こちらから仏にもたらすことは不可能であると同時に如来よりの廻向だというのです。だから廻向ということを否定されたのではなくして、私の方から如来へという廻向を否定して、如来から私へという、本当の廻向を明らかにして下さったのだという受け止め方であります。

「正法の時機とおもへども　底下の凡愚となれるみは」、時代は末法ですけれども「もし仮りに、正法の時機に生まれ合わせたと仮定してみても、私というものが底下の凡愚である」ということです。「底下の凡愚」、これがいろいろな問題を引きだしてまいります。「観経意和讃」第七首第二行目の「凡愚底下のつみびとを」とでていまして、その「凡愚」の左訓の、「たたうと」、「ただのひと」です。「われらは大海の底に沈めるとなり」、これが「底下」ということです。こんどはただいまの和讃の「底下の凡愚」のところに、「煩悩の底に沈める凡夫というなり」とあります。言葉は違っておりますが、意味は同じです。「大海の底に沈める」、こういう左訓をお書きになるときにも、聖人独自のひらめきをもつ。その一つ一つの言葉が、その場その場で新しい光を放ってくる。「底下の凡愚となれる身は」、「そのようになっている身」です。

こういうところ和讃によって気づいてまいるのですが、「心」ではなしに「身」なのです。「私の身が仏のおこころをいただく」のです。漠然たる「心」というふうにはいわれない、私どもの心は動揺しておりますから。何が仏のおこころをうけるのかというと、この業の身が如来のおこころをうけるのです。だからこの身というものは、弁解の余地がない、抜き差しのならない、どうしてみようもないものが私の身であります。「底下の凡愚であります私にとりましては、たとい正法の時機に生まれ合わせたとしても、菩提心をおこすということはあり得ない」、というのです。「底下の凡愚となれる身は　清浄真実のこころなし」。清浄の心もない、真実の心もない、この「清浄真実」というのは後に「愚禿悲歎述懐」に影を落としてきます。「如来の心は清浄心であり真実心である。私ら煩悩の凡夫は清浄の心なく真実の心もない。どうして菩提心をおこすことができようか」と。

「発菩提心いかがせん」、ここに「発《ほっ》」という字がでておりますが、仏法は一般的に申しますと、発心修行、心を発し行を修するというのが菩提心です。だから「心を発《おこ》す」というのは、われらは迷っている、それゆえに迷いをはなれたいと、こういう心を発すことが発心であり発菩提心であります。「どんなに自らの愚かさに目ざめても、逆境におかれても、私どもにはその菩提心を発すという、その念いが自らの念いとして発ってこない、実にあわれむべきことである」と。「発菩提心いかがせん」ということは、そういうことでしょう。ところが、ここに「清浄真実のこころなし」という言葉がありますので、暗闇ではないので、「こころなし」といわれるときに、すでに清浄真実がはたらきかけてきているわけです。如来が清浄真実にましましまさばこそ、われらに「清浄の心なし、真実の心なし」、これがみえてくるのであります。だから私らの生涯は、み教えを聞かないと、ただあわれなままで終っていきます。

15 自力聖道の菩提心

こころもことばもおよばれず
常没流転《じょうもつるてん》の凡愚は
いかでか発起《ほっき》せしむべき

「心を以って知る可からず、言を以って弁ず可からず」という『往生要集』の言葉がある。「聖道の菩提心」についてはこころもことばもおよばぬというもどかしさがある。で、その「聖道」の上に「自力」という言葉がついております。仏道に聖道門と浄土門とが分けられまして、その聖道門は「自力」であるというのが、聖人の識見です。「聖道門のひとはみな 自力の心をむねとせり」、と後にでてきます。そして「他力不思議」が並びます。自力というのは、それをいくら集めても仏法にならない。それは人間の心にとどまる、仏道というのは人間の心、人間の力の破れる問題でありますから。

道元禅師は「仏の方よりおこなわれて、これにしたがいもてゆくとき」といいます。自力ではなくまさしく他力です。だから他力ということをはなれたら仏法でなくなると。私はそこまではっきりいえると思います。

「常没流転の凡愚は　いかでか発起せしむべき」、その「常没流転」の左訓に、「つねにしようじたいかいにしづむとなり、二十五うにまどいあるくをるてんとはいうなり」。だから「何時までも何時までも、ながい迷いをつづけて、流転に流転を重ねておる凡愚は、自分自身でどうして菩提心を発起できるであろうか」、というのです。私が「常没流転の凡愚」であるということは、如来の教法を聞かなければわからない。教えを聞くにつれて、流転《るてん》の恐ろしさというもの、流転より他に道がなかったということが、だんだん知られてくる。この流転を断ち切るのが菩提心をおこすということなんです。しかもその菩提心をおこすことができない。万事休すです。

そこで私にできることは何だといったら、本願を信ずること、本願をわが力にすること、これだけが生涯の大事業です。仏願に乗ずることをわが命とすることとです。念仏は如来のものですけれども、信ずるというのは私の仕事です。しかもわが信心をながめて、ああこれは願力廻向によるところであったなと、こういただく。だから本願を信ずる、これくらい楽しいことはない。身動きもならない私どもの人生にあって、「弥陀の本願信ずべし」、こういう声の流れるところに生きる。これだけが実に自由な、自在な喜びを与える。誰でもそこにある、今私の目の前にある、手にとることができる、そういう自由を恵まれておりながら、私どもは拒否しておる。こういうところが、聖人のご苦労の存するところです。

16　三恒河沙《ごうがしゃ》の諸仏の
　　出世のみもとにありしとき
　　大菩提心《だいぼだいしん》おこせども
　　自力かなはで流転せり

「三恒河沙」、こういう言葉が、ただ一度でておるのであります。「恒河沙」といいますと、これは特定のインドのガンジス河、という個有名詞を離れまして、数えきれないほどの数の多さを示します。恒河の砂ほどの多さ、無数ということを語ったものであります。『阿弥陀経』にも、「恒河沙数諸仏」、恒河の砂ほどの数の、数えきれない仏さま方、こういうお言葉がでております。ただいまの「三恒河沙」、「三」という数字ですが、これは道綽禅師の『安楽集』にでておる言葉でありまして、聖人は自分の頭のなかに真宗がかたちどられていく、その源泉が『安楽集』にあると、こういう思いをおもちになっておりまして、和讃も多くこの『安楽集』によりかかって作られています。このことは「高僧和讃」にことに明瞭にあらわれておるところであります。ただいまも、『安楽集』によっておりますので、他の場合には出てこないような言葉が、出てお るわけであります。しかもその『安楽集』は、『涅槃経』を引用なさってあるところであります。「三恒河沙」の前に二恒河沙、その前に一恒河沙、一の半分の半恒河沙と。で、半恒河沙の仏さまのときにはこういう状態、一恒河沙の仏さまのときはこうと。一恒河沙のときもたくさんの仏さまに出会った、そのときにも仏縁にあいながら覚れなかった。私どものいのちのたどりにおいて、何度も仏縁にあいながら、そこから光りをいただくことができないで、通り過ぎてしまった。こういう叙述であります。そういう恒河沙のなかで、今は最後の「三恒河沙」だけがとりだされているわけであります。

「三恒河沙の諸仏」、多くの仏さま。仏さまというのは人に仏心をおくって下さるのが仏さまです。仏さまは為すことなくして現われたもうものではありません。仏が世に出るということは、仏御自身のためでなくして、人をして仏たらしめる、人をして仏心をうけしめる。こういうお仕事が仏さまに自ら具わっておる。ガンジス河の砂の数ほどの多くの仏さま方が、「出世」、世に出る。世間で立身出世というのとは趣《おもむき》を異《こと》にしておりまして、諸仏が世に出るのは、私に仏心を与えんがために世に出でたもう。仏は世を超えていらっしゃる、その世を超えた仏が世にあらわれ出る。世にあらわれ出られるのは、世に生きる人をして仏心の持ち主たらしめようとして出でたもう、「出世」というのはこういう意味です。そういう諸仏方が世に出でたもうて、仏法をお弘め下さる。「諸仏の出世」というのは、そういうことです。

「大菩提心おこせども　自力かなはで流転せり」。「そのとき菩提心をおこしたけれども、残念ながら、自力の心が巣食うていたので、流転を重ねるだけであった」。たくさんの仏さまのご教化を蒙《こうむ》りながら、やはり流転せざるを得なかったのです。

ここに『唯信鈔文意』と照らし合わせたい点があります。

おほよそ過去久遠に三恒河沙の諸仏の世にいでたまひしみもとにして、自力の菩提心をおこしき。恒沙の善根を修せしによりて、いま願力にもうあふことをえたり。他力の三信心をえたらんひとは、ゆめゆめ余の善根をそしり、余の仏聖をいやしうすることなかれとなり。

この文とただいまの和讃と同時に読みあげてまいりますと、和讃のおこころが、非常にはっきりとでてきます。この和讃は、表面は「自力かなはで流転せり」と書かれておりますから、悲しい言葉に聞こえますが、流転の断ち切れた人でないと流転ということは見えてこないのです。仏法の縁にあずかる先に、自分は流転の身であるという、こういう考えはでてこないのです。

「今、本願にもう遇うことができた、それは三恒河沙の過去久遠の昔に、多くの仏さま方に出会ったことを縁として、永い流転であったけれども、ただいま本願に遇うて目をさますことができたのは、過去久遠の諸仏の私に対するはたらきかけ、そのご縁によって今日の本願への目覚めがある」と。これがただいまの和讃の重点です。ところが「自力かなはで流転せり」、三恒河沙の諸仏のお勧めがあれば流転する必要はなかったのだけれども、今日まで流転せしめたのは「自力」であったのだ。依ってはいけない自力に依りかかったために、本願が見えなかったのだ。こういうふうに「流転せり」ということは、「本願にもうあえり」という喜びを、「流転せり」と、こう詠っておられるのです。

国宝本におきましては、第四行は、「自力かなはで」といわないで、「さとりかなはで流転せり」と、こういう表現になっております。その左訓、「じりきのだいぼだいしんにて、きよふまでかくてまどへりとしるべし」です。「さとり」と「自力」と、問題がちがっておるようでありますが、聖人にもこの「さとり」という言葉はさかんにでてきます。

この「大菩提心」について、この「大」の字がついた場合には他力の大菩提心、浄土の大菩提心。自力の場合には小菩提心・自力の菩提心。もと法然上人が、凡夫が仏に成るのに菩提心はいらないといわれた。これは大胆というか、聞き誤れば仏法破壊につながる。だから栂尾《とがのお》の明恵上人は、これを反駁《はんばく》した。源空法師が心の偏頗《へんぱ》な人物であったらそれほどでなかったんでしょうけれども、非常に学問の深い人徳のあつい人である。法然の立派さには頭が下がるものがあるのに、その法然が菩提心はいらないといって菩提心を否定するとは、これはおよそ仏道に弓引くものであるということになった。法然上人はそういう問題を論理的に弁解をなさらない。こういうことを主張されるについては、理論的に当代の学者たちが頷《うなず》かざるを得ないような道を講じられたらと、こういう思いはしますが、それを師法然になりかわって、成し遂げられたのが聖人です。これはまた、明恵上人などの学問修行とは全く方向を異にする、私の信心は如来からいただいたもの、その如来廻向の信心は、現に今大菩提心のはたらきをしておる。だから菩提心を否定されたのではなく、凡夫自力の世界に菩提心というものは入りようがないというのが、法然上人の菩提心を要とせずの説なのだというのです。

ところが、ここのところで、「大菩提心おこせども」と、どうして「大」の字がつくのであろうか。私はいろいろ迷ったのですが、これはやはり菩提心というものを褒めている言葉である。菩提心というのは事実すぐれたものである、「大」の字は、すぐれているという意味なんです。

「大行」「大信」というふうに、聖人はたくさん「大」の字をおつかいになる。これは如来からいただいたから「すぐれている」、「大」であると。だからここで「大菩提心」というのは、菩提心というものを敬って、菩提心というのが光り輝いておるということを語ったものが「大」である。このように理解しますと、菩提心を自力の立場からいうか他力の立場からいうかと、そうこだわる必要はないというふうに、ようやく気づいてまいったのです。

17

像末五濁《ぞうまつごじょく》の世となりて
釈迦の遺教《ゆいきょう》かくれしむ
弥陀の悲願はひろまりて
念仏往生さかりなり

「像末五濁の世となりて　釈迦の遺教かくれしむ」、「像法末法五濁の世にくだりますと、釈迦のお説きになりました仏教が、姿をかくしてしまわれました」と。これは『大無量寿経』の下巻の終わりに、「当来の世に経道滅尽せんに、我れ慈悲を以って哀愍し、特に此の経を留めて止住すること百歳せん」と。一切の教えというものが滅んでしまうが、それは如来の慈悲の心からして耐えられないことだ。どうか百歳だけこの経を留めておきたいと、こういう身に染みるお言葉です。釈迦の教えがかくれたということで一切がかくれたのでなしに、弥陀の悲願はひろまって、「念仏往生さかりなり」と。この「念仏往生さかりなり」というのは、国宝本では「とげやすし」

となっております。

「皇太子聖徳奉讃」七十五首和讃のなかの第五十首に、「いまは念仏さかりなり」。その左訓に、「このよは末法のよなり」と。聖徳太子をたたえて「いまは念仏さかりなり」とはどういうことか。聖人はわが身が救われるのは時代とともに救われるのである、時代が救われるから私も救われるのだ、こういう思いです。私は信心を得たとか、私は助かったというのは、時代が助かるということの証明になる。われは底下の凡夫である、一番どん底の私が助かって、みなさんが助からんということがあるだろうかというのです。

聖徳太子のことをのべながら、「いまは念仏さかりなり」と。聖徳太子を讃えることのできるのも、念仏のなかの出来事である。私が聖徳太子に遇いたてまつるのも、念仏のなかの出遇いである。本願と私が相遇うことができるのも念仏のおはたらきである。こういう聖人のお気持が、ここにあらわれておると思います。第六十首には、「安養の往生さかりなり」と。もちろん、内容は同じおこころですけれども、この「さかりなり」というのはわれという限界を破っておりますから、私が助けられたということは、あなたもお助けにおうていられる。こういう世界を私どもに開いて下さった。「念仏往生さかりなり」というお言葉から、私はそういう深い感銘をいただくわけであります。

「弥陀の悲願ひろまりて　念仏往生さかりなり」。「悲願」というのは、如来の本願のことですが、この悲の深さが身に迫ります。人間は本当に悲しまなければならないことをもちながら、それを悲しむことができない。悲しみでなければ人間を真実に引き寄せることができないのです。執着の手をもって握っているものがもぎとられるときに悲しいと申しますけれども、真の悲しみはもっと深い。私どもは、私自身の悲しまなくてはならないことを悲しんでいない、この悲しんでいないことが如来の悲しみとなっているのです。

私たちは悲しみをどうしてごまかすかに走ってしまう。真の悲しみを悲しむ能力がない。耐えられないわけです。真にその悲しみに立つことができない。そういう私の立つことのできない悲しみに、お立ち下さっているのが如来の「悲願」なのです。

18

超世《ちょうせ》无上に摂取《せっしゅ》し
選択《せんじゃく》五劫《ごこう》思惟《しゆい》して
光明寿命の誓願を
大悲の本《ほん》としたまへり

「超世無上に摂取し」、これについて『唯信鈔文意』の言葉を聞いてみます。

法蔵比丘超世无上のちかひを発して、弘くひろめたまふと申すなり。「超世」は余の仏の御誓にすぐれたまへりとなり。「超」はこえたりといふ、うえなしと申すなり。

法蔵菩薩の発された本願というものが、「超世無上」であると、この「超世無上」ということが何よりも選び抜かれた言葉であるという感知をもっておいでになります。「超世無上に摂取し、選択五劫思惟して」、こういう「摂取」とか「選択」とかいう言葉は、どちらが先とか後とかいうことはない、聖人のうえには縦横無尽に生きております。聖人のお救いを一言であらわせというならば「摂取不捨」ということです。「念仏」とは何だといえば「選択本願」である。自己の信心はこのように語る他ないという言葉、それが「選択本願」。「選択本願」というのは「私の助けられる本願」です。

摂取してすてざれば
阿弥陀仏となづけたてまつる

だから摂取して捨てないということが、阿弥陀をして阿弥陀たらしめている、こういうことです。阿弥陀が阿弥陀となるということは「摂取不捨」の故であると。「摂取不捨」ということによって、阿弥陀と私・衆生とが感応道交します。だから、「選択本願」「摂取不捨」それをここに詠いあげられたのですから、それは「超世無上」である。「世を超えておる」というのは、世に超えなければ世がすくえない、世に超えて世を抱く。包みようのない世を包む、こういうのが「超世」。大悲大願というものは世に超えたるものである、われらをして世を超えしめるものである、世を超えて世にあらしめるものである。だからこの二行は、「阿弥陀仏は、法蔵となって、世に超えすぐれた誓願を発して、五劫を尽くして浄土建立の清浄の行を思惟し、そしてもっともふさわしいものを選びとる」と。ここは本願のことを詠います。その本願のなかでも、「光明無量の願」と「寿命無量の願」とを、如来大悲の根本とされたのであります。順序を申しますと光明の願が第十二願、寿命の願が第十三願。お経の名前は『無量寿経』ですけれども、お救いが語られるときには光をもって語られるのです。

私どもが阿弥陀仏を慕うにつきまして、無明にあるときには光明の世界というものはわからないものです。ところが寿命、いのちというものは不思議な感覚をもっておりまして、私どもの命には限定がありますから、その命というものは無量の命を求める。あきらめはつけておりますけれども、あきらめつつ無量の命というものを求めずにおれない。どんなに愚かでありましても、自らの死というものによって無というものにさらされているということは分かります。ここが宗教を求める、仏法聴聞のきっかけだと思います。

その命の事実と深いつながりをもってでてまいりますのが、「無量寿」です。しかし「量りなきいのち」ということを思いますけれども、これは絶望です。そういう量りなきいのちというようなことをいくら思いましてもはかない夢ではないか。そういう思いそのものを無明と知らしめ、「無明の闇を破する」という、ここに光明の願とともなる寿命の願があるのです。寿命の願に目覚めた聖人は、「ただいま七十五歳だ、八十五歳だ」と、書写の終わりにはその年齢をお書きになる、このお気持ちは「無量寿」と一緒に歩いておいでになる。「無量寿」から離れた八十五歳でないということ。その八十五歳のいのちに無量の恩を感じておられるのです。こういう受け止め方です。「無量寿」を生きつつ、限りあるいのちは終わっていきます。

19

浄土の大菩提心は
願作仏心《がんさぶっしん》をすすめしむ
すなわち(は)願作仏心を
度衆生心となづけたり

この和讃とつぎの和讃は、国宝本にも二首連なって詠われ、国宝本の方では十八番に出ております。その国宝本には一行一行まことに詳しく左訓がでています。第一行には「よろづのしゅじょうをほとけになさんとおもうこころなり」と。菩提心という言葉は、私が仏になりたいと願ってふるい立つ心が菩提心です。「各発菩提心」、「おのおの菩提心を発せ」という、これが仏道の呼びかけです。それに対して「ほとけになさん」というのは、仏の方から、仏が私を仏にならしめたいという、仏のおはたらきにかわっております。だから「浄土の大菩提心」というのは、私どもが浄土に生まれたいと願う心ではなくして、仏が私どもを仏にならしめたいとおもう心、このようにはっきり示されております。

そのつぎ第二行の「願作仏心をすすめしむ」。「われをして仏にならしめたまえと願う」と、これが願作仏心である。ところが聖人は、「たりきのぼだいしんなり。ごくらくにうまれて、ほとけにならんとねがへとすすめたまへるこころなり」と左訓されます。そうすると、「ねがえよ」との呼びかけが「願作仏心」。三行目、「すなはち願作仏心を」、この「願作仏心」には、「みだのひがんをふかくしんじて、ほとけにならんとねがうこころを、ぼだいしんともうすなり」と。

ここでは第一行にもどっていかれる。二行目の「願作仏心」のところには「他力」、三行目には「弥陀の悲願」という言葉がでておる。そうするとただいまの和讃は、弥陀の本願ということを離れて菩提心も願作仏心もないと。菩提心も弥陀の本願、願作仏心も弥陀の本願。第四行目の、「度衆生心となづけたり」というのも、左訓には、「よろづのしゅじょうをほとけになさんとおもうこころなり」。ここでまた「なさん」と、こういう非常に丁重なお示しが出ております。

願作仏心・度衆生心と、こういう言葉が並びますと、上求菩提《じょうぐぼだい》・下化衆生《げけしゅじょう》という言葉がでてまいります。「上は菩提を求め、下は衆生を化する」、これは私が仏になりたい、そして仏になったならば未だ道を知らずにおる人を方向づけて助けたい、つまり私が助かりたい、助かったならば人を助けたい、非常に自然な言葉です。だから私らは上求菩提《じょうぐぼだい》・下化衆生《げけしゅじょう》、これに合わせて願作仏心・度衆生心、同じことをいっておると受けとりやすいのですけれども、聖人の理解は少しちがっております。願作仏心・度衆生心ということが、みな如来のおはたらきである。だから、仏が私をして仏にならしめたいと願うおこころが、私にとどきますと、私が仏になりたいと願う心となってあらわれてくる。私が仏になりたいと願う心は、実は仏が私を仏にならしめたいと願うこころのおはたらきである。もっと押しつけて申しますと、私が助かるはたらきが人を助けるはたらきになっている。このように、「菩提心」の一点に、願作仏心と度衆生心とが一つになって生きてはたらいている。助かるはたらきが助けるはたらきになっている。これが「衆生と共に」ということ、これが仏道ということです。私が仏法を聴聞するのは、私一人の解決ではない、衆生を代表してみのりを聞いておるのである、私が助かるならばあなたも助かると、こういう確信です。

20

度衆生心《どしゅじょうしん》といふことは
弥陀智願の廻向《えこう》なり
廻向の信楽《しんぎょう》うるひとは
大般涅槃《だいはつねはん》をさとるなり

国宝本では、「弥陀」のところが「如来」になっております。こういうところにも、ご苦心があるわけです。一行目の「度衆生心」の左訓は「たりきのぼだいしんとまうすなり」と。本願＝他力、本願以外に他力となりうるものはない。如来の本願力だけが他力、自力の一切は私を助けることなくして、如来としての他にある力だけが私を助ける。自力は滅びへの道である。そのただ中にあって、本願力が私にとっての唯一つの他力である。仏でない私が仏になろうと願うことはあり得ないことである。私がなりたいと願う仏ではないということが、「他力の大菩提心」ということです。如来が私をして仏にならしめたいと願われるこころが、「他力の大菩提心」です。

二行目の「弥陀智願の廻向なり」。「智願」、これは珍しいお言葉です。「大悲の願船」「大悲の恩徳」、衆生の悲しみを衆生に先立って自らの悲しみとしたもうのが如来のおこころである。だから、その大悲心が本願となって動きだした、それが悲願です。そうすると「智願」というのはどうちがうのか。ところが左訓には「みだにょらいのひくわんをまふすなり」と、悲願と同一視されます。だからそうきびしく分けて考える必要はないわけです。

ただこの「智願」というのは、後に出てくる「智慧の念仏」とか「信心の智慧」というのと関係してくるわけであります。智慧ということをはなれて念仏も信心もない。念仏とか信心というのは智慧です、智慧がかたちをあらわしたものです。だから「悲願」といっておるだけではいい切れない、そこに「智願」ともいう。「弥陀智願の廻向なり」、「廻向」というのは「あらわれ、はたらき」、「弥陀の智願から与えられました」と。念仏も信心も弥陀の「廻向」です。弥陀の智願が南无阿弥陀仏となって、われに廻向されたのです。だからこれは如来の仕事です。

如来が私どもの帰依処《きえしょ》となって、お念仏を与えて下さることが、「廻向」の第一です。それから第二は、信心を「たまわる」。「たまわる」というのは、無資格・無条件にして、いただいたという喜びです。念仏は「与える」、信心は「たまわる」。如来が与えたもうから衆生がたまわることができた、たまわったという喜びをもったのは私の方、南无阿弥陀仏は如来のご苦労でありまｽ。お念仏に遇いましたときには、そのお念仏のなかにはたらいている如来のご苦労を感ずる、そのご苦労の心が私に伝わってきたものが信心。ご苦労のすがたが南无阿弥陀仏「われをたのめよ」と呼びたもうのです。

三行目、「廻向の信楽」の左訓は「弥陀の願力をふた心なく信ずるをいうなり」と。四行目、「大般涅槃をさとるなり」の左訓は「弥陀如来と等しくさとりをうるを申すなり」です。「大般涅槃」というのは仏法の究極。もっとも仏道から疎外されておる私だけれども、そこにたまわるのは最高の世界である。こちらは最下の機だけれども、その私に開かれてくる世界は、大般涅槃という最高の世界をたまわるのである。「廻向の信心をいただくものは大般涅槃をさとる」というのは、その信心をいただくなら信心自らが涅槃を証する。信心が大般涅槃を将来する。如来が私をお助け下さるということは、私をして念仏せしめる、それによって私を信心の人ならしめる、それによって大般涅槃の開かれる身とならしめられると、このようにして浄土真宗となった仏法というものが示されておるのであります。

21

如来の廻向に帰入《きにゅう》して
願作仏心《がんさぶっしん》をうる人《（ひと）》は
自力の廻向をすてはてて
利益有情《りやくうじょう》は《（は）》きわもなし

第一行の左訓は「弥陀の本願をわれらに与えたまいたるを廻向と申すなり」です。「如来の廻向に帰入して」、「帰入」というのは頭が下る。如来のご廻向に心を寄せ、そこに帰り、そこを帰依処として「願作仏心をうるひとは」、そこにどういうことがおこってくるかというと、「自力の廻向をすてはてて」となるのです。聖人は信心というものを掘り下げて、誤りなからしめんために、「罪福信」というもの、信心によって他のものをつかみとろうとする功利的な信、罪業を消していただきたいとか、幸福をつかみたいとか、そういう濁った信心から、真実信心というものをどのようにして際立《きわだ》たせることができるかということに力を尽くしていかれます。「廻向」ということは仏心のはたらきであって、自力には廻向する何ものもないわけです。本願他力というものを感知するとき、それによって自力無効ということが成り立つ。ところが自力無効ということは解《わか》っても、自力というものが捨て切れない。だから四行目に「利益有情はきはもなし」、利益有情ということができるのは仏力しかない。利益有情というようなことは、自分の力でできる筈《はず》はない。しかも利益有情を離れて人間存在は成り立ちえないということです。

22
弥陀の智願海水《ちがんかいしい》に
他力の信水《しんしい》いりぬれば
真実報土のならひには(て)
煩悩菩提《ぼんのうぼだい》一味なり

ここにまた、「智願」という文字がでております。それから「海水」「信水」、これは「かいしい」「しんしい」とよむ。聖人が比叡山で学習中身についた発音のようです。「如来の本願を大海の水にたとえる」との左訓があります。海の水にたとえるといいますけれども、聖人にとりましては「願海」、海と本願とが結びつきまして、喩《たと》えということをのりこえて、聖人の宗教用語になっております。これによく似た和讃に曇鸞讃の第二十二首に、

尽十方無㝵光の
大慈大悲の願海に
煩悩の衆流帰しぬれば
智慧のうしほと転ずなり

そこに「煩悩の衆流」とあります。きれいな本願の海に煩悩のきたない水が流れ入っても、海の力できれいな水にかえられる。こういう曇鸞讃はよくそのままうなずけます。ところがただいまの和讃の「本願の海に他力の信水が流れ入るということうなる」と、これはちょっと解りにくい。海と川、川は煩悩、海は本願。どんなきたない川も海に入ればきれいになる。ところが、「他力の信水」という、これは喩えとして、どういうことになるんでしょうか。左訓は「まことのしんじんを、みずにたとへたるなり」。信心を水に喩えて「信水」という。「本願の海に信の水が流れ入る」。「煩悩の水が流れ入る」とかえられるなら非常によく解る。だからそのおこころをうかがえば「弥陀の本願を信ずるならば、こうなる」と。本願を信ずる身となるならば、「真実報土のならひにて　煩悩菩提一味なり」。「真実報土」というのは、如来のご本願から開かれた浄土ということです。私の煩悩を菩提とかえる力が如来にあって、その如来が私どものために開かれたのが、如来の本願に報いてあらわし出された浄土、「真実報土」です。私の心に直結した浄土、そういうものではない。その「真実報土」のならいとして、私の煩悩を転じて菩提としていただく。私は煩悩より他にない、それを如来の方から菩提にかえていただく。「あんらくじょうどにうまれぬれば、あくもぜんもひとつあじはひとなるなり」との左訓です。善悪に苦しむのが人間の世界です。善悪の絡《から》み合《あ》いが娑婆《しゃば》の苦悩です。ところが「真実報土」に生まれるというと、悪も善も一つ味わいとなる。すべては浄土へ生まれてしまってからだというよりは、「生まれぬれば」と言われるけれども、「悪も善も一つ味わいとなる」という言葉に触れるというと、善だ悪だというて苦しんでおる私どもが、ああこれが救いだなあとの、ふかぶかとした救いを事実として感じとることができるのです。

23

如来二種の廻向を
ふかく信ずる人《（ひと）》はみな
等正覚《とうしょうがく》にいたるゆへ
憶念《おくねん》の心《しん》はたえ《（へ）》ぬなり

如来の「廻向」ということがありまして、ここではその「廻向」を二種に語っておられます。往相の廻向と還相の廻向との如来二種の廻向を信ずるところからはじまります。仏にならしめたいと願う心が、仏になりたいと願う心としてはたらくとは前にも言った通りです。この「二種の廻向」ということを、明瞭に打ち出されたのが曇鸞です。曇鸞の教えによって聖人は還相《げんそう》ということを開いた。法然上人はひたすら往相《おうそう》、ひたすら念仏して浄土に生まれよと。聖人は法然上人の姿の上に還相を見た。浄土がこちらへ動きだしてくる、浄土が向こうから迫ってくる。こういうことを、私どもは聖人の還相というお言葉のなかに感得するわけであります。それゆえに私どもは聖人を、「還相の菩薩」と仰いでおります。

つぎに「等正覚にいたるゆへ」、この「等正覚」というのは左訓の上にも「しょうじょうじゅのくらいなり」と、はっきりしております。だからこの「等正覚」というのは聖人の特別の用い方です。信心の定まるときに、往生もまさしく定まる。往生のまさしく定まった心の位にある人を「正定聚」という。「往生が定まって、正定聚の人として生きる人よ、出でよ」というのが聖人の呼びかけです。現生正定聚、往生ということをはなれて現生ということはない、念仏の信心を抜きにするならばこの世は夢である。けれども往生定まる身となるならば、只今から夢さめて正定聚の生活がはじまる。聖人が一番重んぜられたのは正定聚ということです。

「等正覚にいたるゆへ　憶念の心はたへぬなり」。これは「如来のおこころが憶いつづけられる」ということ。正定聚というのは如来からたまわった位です。それゆえに如来の本願が憶いつづけられる。高田派の大事な人として仰いでおります顕智上人、その「顕智上人聞書」には、「おもう」という字を五つ並べておられます。

思　オモヒノサダマラヌ。

惟　オモヒニカク。

想　カタチヲオモフニカク。

憶　ツネニオモハムトモセヌニ、ツネニオモハルルオモヒナリ。

念　トモカクモハタラカヌ、サダマリタルオモヒナリ。

今の「憶念」はこの後の二つです。「憶」は「つねにおもはんともせぬに、つねにおもはるるおもひなり」、意識しておもいたいともしないのに、常にひとりでにおもわれてくるおもいです。それから「念」、念仏の念です。「ともかくもはたらかぬ」、わが計らいが消えたところです。「さだまりたるおもいなり」、これは正定聚の「定」です。この「念」というのは、仏教の用語では「忘れない」ということ。私が仏を忘れることがあっても、仏は私を忘れない、これが「念」です。「仏われを念じたもう」と。私は仏に念じられてここに在るという感動です。この「念」というのは、「憶念」からでてきたものでしょう。こういう言語規定によって、私たちの思案をたしかなものにさせられます。

24

弥陀智願の廻向の
信楽《しんぎょう》まことにうる人(ひと)は
摂取不捨《せっしゅふしゃ》の利益《りやく》ゆへ
等正覚《とうしょうがく》には(ナシ)いたるなり

「智願」という言葉をつかわれる。「悲願」の方が多いのですけれども、「智願」という言葉に聖人はひかれておるようです。別に「智願」というておりましても、「悲願」ということと別の意味のことをいうておるのではなさそうです。智慧と慈悲と、そういう使い分けをして「智願」

という言い方をされたのではなさそうであります。弥陀の大智本願のはたらきとしての信心について、聖人の信心は如来廻向の信心、如来の廻向をはなれた信心はない。「信楽」というのも「信心」というのも、これはかわりはありません。ただここで、なるほど聖人のお言葉としてふかく感じますのは、「まことにうる」というお言葉であります。信心は如来真実の証明です。その「まこと」であるということをあらわさんがために、「弥陀の廻向の信楽」といいます。私どものおこす信心ならば、「まこと」であるという証明がでてこない。如来は真実、真実は如来でありまして、如来のおこされた信心であるから「まことの信心」。ところが信心は「まこと」でありましても、その信心のいただき方がまことであるとはいえない。その信の得かたが「まこと」でなければならないと、ここまで綿密《めんみつ》にはこばれます。こういう綿密さ、ご配慮というものは、和讃をはなれましては、他にいただく道がないのです。「まことの信心を、まことのままにいただく」とは、本当に頭の下がる聖人のお言葉です。

三行目、「摂取不捨の利益ゆへ」、この「摂取不捨」というのが信心の後にでてくるようですけれども、これは同時なんです。信心をいただくことと「摂取不捨」ということとは、これは時間的な前後をみることはできません。「念仏衆生摂取不捨」でありますから、念仏が「摂取不捨」、念仏をはなれては「摂取不捨」といいましても、ただ言葉だけにおわります。如来のおん手の中に摂められるということは、念仏がここにあるということです。そうすると、念仏をはなれて信心をいただくということはない。「まことの信心をまことにいただくのは、お念仏のなかだ」と、こういうことがここに語られておるのです。「信心をまことにいただいた人は、摂取不捨のご利益をこうむっておる」というのです。

その利益によって、私にどういう心の位置が与えられるかというと、「等正覚にはいたるなり」。「等正覚」というのは「正定聚」、「正定聚」というのは信心をいただいたとき、往生また定まる。「正定聚」というのは、まさしく往生の定まった位ということ、それが「等正覚」。そうすると念仏に抱きかかえられた、その私にいただいた利益というものは、これは現生において、この世にありながら正定という位が私に与えられる。これをあらしめることが「弥陀智願の廻向」です。念仏も信心も、仏の智慧をはなれて語ることのできないものであるというのが聖人ですから、それをいま、「悲願」に対して「智願」と表現されること、聖人のご配慮をここにうかがいたいと思います。

そこで前の和讃にもここにも「等正覚」という言葉がでておりまして、信心をいただいたならば、私の身のうえがどういうようになるのかということを詠って、そのつぎ、二十五首・二十六首・二十七首とこれを具体化するかたちで、弥勒菩薩が詠われます。聖人は八十歳代になってから、弥勒等同ということが多く語られます。相補うようなかたちで、一つのお手紙ぜんぶをあげて、弥勒菩薩のことを書きつづけられたところさえあります。

関東の地で、聖人はあからさまに書かれていないけれども、その当時、弥勒信仰というものが、非常に強く行なわれておったのではなかったか。そしてその当時の有力な仏教の学者たちが、弥勒の兜率天《とそつてん》に生まれたいという信仰をもっていた。仏教の話に耳を傾けようというようなものは、先入観として弥勒の信仰というものをもっているというのが、その時代のすがたではなかったか。そうでなければ、聖人がわざわざ信心の人は弥勒に等しいと言われたことが、読めてこないわけです。だから、あなたが大事にしている弥勒と、わたしの念仏の信心とは、このように交わるのだ。しかもあなたの方のその弥勒信仰では手の届かないところへ、私ども念仏の信心をいただいたものは、弥勒以上の世界へ導かれていくのですとの識見がみえるようです。

25

五十六億七千万
弥勒菩薩《みろくぼさつ》はとしをへむ(ん)
まことの信心うる人は(ひと)
このたびさとりをひらくべし

釈迦が涅槃に入ってから五十六億七千万年後に、釈迦のようにこの世にあらわれて、そして仏になる筈の弥勒菩薩。ところが年数は長いですけれども、弥勒菩薩が「仏になる」というところが、聖人にとって重要なところです。弥勒菩薩は、釈迦の後継ぎであると釈迦から認定されておる。こういうところが聖人の弥勒を大切にされるところです。

私らは、念仏すれば助かるということについて、自分の信心を問題にしていきますが、聖人は、念仏で助かるということは私がそれを証明できるものではない、法然上人が念仏で助かるということを私に見せて下さった、だから私は念仏で助かるのだと、こういえるわけです。法然上人という方がなかったならば、自分でどうして念仏で助かるということを論証するか、南无阿弥陀仏が私のお助けであるということができるのは、法然上人の証明があるからだというのです。信心をいただいたものは弥勒菩薩と同じである。弥勒菩薩は釈迦牟尼仏によって仏になることを確認されている。このような筋道《すじみち》をたどられるのです。

弥勒菩薩は仏になることは間違いないが、これだけの歳月を要する。ところがわれら念仏によって廻向の信心をいただいたものは、「このたびさとりをひらくべし」。仏になる資格をいただく。真宗の教えは、仏になったとかこの世で仏になるということは申さない。金子大榮師の「われは仏であるということのできる力が、われは仏であるといわせないのである」との言葉をよく聞きこみたいものです。「このたびさとりをひらくべし」とは大般涅槃をひらくことであり、大般涅槃をひらくならば仏ではないか。そうではない。この「等正覚」というのは、「この世において、浄土に生まれること間違いなしと定まった身」ということです。未来におこってくる問題を未来までいかずに、今つかむ。当に来らんとする世界が、向こうから未来のままここに来ていると、こういう喜びなのです。「このたびさとりをひらくべし」、弥勒菩薩というのは仏になるのに間違いないんだけれども、五十六億七千万年という歳月を要する。私どももまた、弥勒菩薩と同じ境遇をいただくのだけれども、弥勒菩薩のような長い歳月を要するのではなくして、私どもは信心をいただくと同時に往生定まる身となるのであるから、時をうつさない。こういう喜びが、ただ今の第二十五首であります。

26　念仏往生の願により
等正覚《とうしょうがく》にいたる人《(ひと)》
すなわ《(は)》ち弥勒《みろく》におなじくて
大般涅槃《だいはつねはん》をさとるべし

第十八願のことを「念仏往生の願」といいますが、聖人は「念仏往生の願」というのは結構な名前だといいながら、「至心信楽の願」とも名づけるのです。

設我得仏十方衆生至心信楽欲生我国乃至十念若不生者不取正覚　唯除五逆誹謗正法

善導はこの願文の文字を変えて、願の魂を読みとることになります。

若我成仏十方衆生称我名号下至十声若不生者不取正覚

大胆な読み方です。「加減の文」と呼ぶのは不適当であって、「還源の文」（根源にかえる）と称する学者がいます。善導は「十念」ということについて如来のお心は、わが名を十声称えるものはみな助かると、こういいたいのだという。「十声」とあるのは、これは本当に温かいお心です。私の苦悩を背負うて立つのが如来ですから、私に如来というものを知らしめ、また私におたすけをあたえる最高の方法として、南无阿弥陀仏におなりになった。だから私の称える声のなかに、如来の全部が生きて下さる。だから「十声」というのも一声というのも一緒です。それを「下、十声に至る」と。「下、十声に至る」ということは、「一声称えたものでも」ということなのです。

聖人は「至心信楽の願」だという。先師のいうことが間違っているというのではない、それはそれで立てておいて、そのなかで私の領解《りょうげ》はこうですと、こういうのが聖人です。「至心信楽」、「至心」というのは南无阿弥陀仏につつまれた如来のまことの心。仏のまごころが私にはたらきだしているすがたを「至心信楽」という。聖人は第十八願をまた「往相信心の願」と名づけるのでありますが、今のご和讃は、「念仏往生の願により」と、やはりわれをして念仏にまなこを開かしめた感銘がこめられます。「念仏往生の願を信じて正定聚《しょうじょうじゅ》不退《ふたい》の位に至った人は、弥勒菩薩と同じ位になり、間違いなしに浄土に生まれて、大般涅槃をさとることができるのです」との思し召しであります。ですから、「定聚に住し、必ず滅度（涅槃）に至らしめる」との第十一願をも離れません。

つぎに第二十七首。ここまで弥勒菩薩のことをお詠いになっていまして、この三首は、国宝本の最初に並ぶところに照らしても、一連の作のようです。

27　真実信心うるゆへに

すなわち定聚《じょうじゅ》にいりぬれば
補処《ふしょ》の弥勒《みろく》におなじくて
(は)
无上覚《むじょうかく》をさとるなり

前の和讃では「等正覚」、ここにきて「無上覚」という言葉がでます。「真実信心」、如来廻向の信心をいただいた人は、現生《げんしょう》において、正定聚の位につきます。つぎ「補処の弥勒」、「補処《ふしょ》」は「一生補処《いっしょうふしょ》」。弥勒菩薩は兜率天《とそってん》、極楽往生とならんで、兜率往生《とそつおうじょう》という言葉があります。中国へはじめて仏教が入ってまいりました頃から、極楽往生の説と兜率往生の説と二つならんでおったようであります。当時の聖道門の仏教者たちが兜率往生を願っておるところをみますと、仏道修行に励んでいる人たちは、兜率往生こそ仏者の中心生命であると考えていたようであります。弥勒菩薩は今、その兜率天でご説法をしておいでになる。「補処の弥勒」、ただいまの弥勒菩薩の生涯が終わりますと、つぎの世では必ず仏になる。だから一生が終わると、つぎは釈迦の位を継ぐというのです。

「補処の弥勒におなじくて　無上覚をさとるなり」。「等正覚」というのは正定聚であって、まだ仏になっていないけれども、仏になること間違いなし、これが「等正覚」です。「無上覚」というのは、その「等正覚」が時至って「無上覚」になる。だから、等正覚が完成したところが「無上覚」であります。「この上もないさとり」、「最高のさとり」、これが「無上覚」です。そうしますと、「等正覚」というのは一段下のようでありますけれども、そうではないと思います。「等正覚」の人は「無上覚」というものを、完全な約束としてつかみとっているからです。

「補処の弥勒が、その一生を終わるならば必ず仏位をうるように、念仏の衆生もまた、等正覚の位に定められて、命終わるときには必ず無上覚のさとりをいただくのである」と。こういうところ、ご自分の境涯《きょうがい》を詠っておられるのでありまして、「すなはち定聚にいりぬれば」、これは「もし定聚に入るならば」ではない、これから「無上覚をさとるであろう」ではない。こういうところが私は非常に重要だと思うのです。このように自分が語り得る力がもうそこにあるのです。それでいて、聖道門《しょうどうもん》の人たちが言いたそうな、この世で仏になり得るとか、私はなり得たとか、そういう方向のお言葉づかいは一度もなさらない。しかも、私どもに感ぜられてくるのです。謙《へりくだ》りつつ、一点の驕《おご》りもない。もしこの一点が間違っていたら、われに信心ありとのゆゆしきおごりとなります。

28

像法《ぞうぼう》のときの智人《ちにん》も
自力《じりき》の諸教をさしおきて
時機相応《じきそうおう》の法なれば
念仏門にぞいりたまふ

「像法」というのは正・像・末法の像法。正法が何年像法が何年ということは、いろいろの説があり、聖人のお考えも動いておるようです。正法五百年、像法千年、末法一万年、これが一般

的な正像末の区分です。最初のご和讃では、

釈尊かくれましまして
二千余年になりたまふ
正像の二時はおわりにき
如来の遺弟悲泣せよ

そうすると二千年経って正・像の二時はおわった、今や末法。この言葉ですと正法千年、像法千年となります。「像法」というのは心はうすれているが形だけは正法時代をまねしている、これが「像法」。「像法のときの智人」というのは「智慧者たち」、仏法を学んだ勝れた人びとです。これはどういう人びとのことをさすのか、はっきり解《わか》りません。一説には、龍樹と天親であるとも言われます。龍樹は釈尊滅後七百年、天親はその後ですから像法になるわけです。あるいはもっと近く天台の智顗《ちぎ》、華厳の杜順《とじゅん》のことを指すものかともいわれております。しかしそういう名前はいわなくてもいいのだという考え方もあるわけです。しかし第二行に「自力の諸教をさしおきて」とありますので、どうも龍樹・天親にもっていった方がよさそうです。龍樹は、およそ仏道というものには難行道あり易行道ありとして、心弱きもの心痛めるもののためには、また自らなる仏道があると、こういう道を開いた。それから天親は、如来の本願力というような道を仏道のなかから開いてこられた。『大無量寿経』のなかから、そういう世界をつかみとってこられたわけです。「自力の諸教をさしおきて」、龍樹と天親は、仏道のなかにあって大きな目ざめをなさ

った。そういうように「自力の諸教」というところと対比いたしますと、「像法のときの智人」というのは、龍樹・天親としておきたいと思います。

「像法時代の龍樹・天親のような勝れた智者たちも、本筋の仏道というものは他力にあるということに目ざめて」。そして第三行目、「時機相応の法なれば」、「時機相応の法」というのは「時」に叶《かの》うている。この「時」というのが要ります。十年位ももやもやしていた問題が、今ここで眼を開き、初めて仏道の何たるかがわかったぞと思えてくる。それは「時節到来」「時機純熟」です。われわれの配慮を超えた問題です。われわれに無限に口を開いて待っておるのが、「時機」の招きです。仏法を聞いてはじめて、「時」というものに緊張感を覚えます。仏道を学びますと「時」というものが、向こうから門を開いてやってくるのです。

「機」というのは「私」のことであります。これは仏と私が深い関係があったという「私」です。「私」がなければ仏の生きる場所がないと、これが「機」です。法によって私が仏にならしめられるのですが、聴聞によって仏と無関係の私が「機」であることに目覚める。私が法を聞かなければ、法というものが宙に浮いてしまう、こういう私の責任です。聞かなければ、法なんて解らなければ止めておこう。こういうことで済んでいた法が、私が聞かなければ、法をして法たらしめることができないとみえてくる。私が偉くなったということでない、法をして法たらしめる責任が私に生まれてきた、それが「機」ということです。だから「時機相応」ということは、今の私が助からなければ、どんな立派な教えでもはなしにならないということです。時代と衆生とがぴったり合っているということが「時機相応」ということです。

第四行目、「念仏門にぞいりたまふ」。「他力念仏の教えにお入りになりました」と。こう書かれておりますけれども、私どもが拝読いたしますと、龍樹や天親が、私らの時代を救うに相応した教えを、私どものためにお開き下さいましたと、こう読めると思います。

29

弥陀《みだ》の尊号《そんごう》となえ《（へ）》つつ
信楽《しんげう》まことにうる人《（ひと）》は
憶念《おくねん》の心《しん》つねにして
仏恩報ずるおもひあり

これも国宝本には「弥陀の名号となえつつ　信心まことにうるひとは」となっていまして、このように自在に好きな文字に変えて、お作りになっていかれる。楽しんでお作りになったものでしょう。その楽しさが溢《あふ》れるようであります。

和讃には、たびたび「何々しつつ」という表現が見えますが、これは今日の私どもの用語のような、「何々しながら」というのではなく「弥陀の尊号をとなえて」という意味です。

「弥陀の名号をとなえて」南无阿弥陀仏のなかで信心をいただく。南无阿弥陀仏というのは、阿弥陀が「われをたのめよ」というのは如来の至心です。如来のまごころが私に届いたのが信心です。「本願を信ずる」といったって、私が信ずるものを加えたらおかしい。私らは「信ずる」

ということは不可能です。私の信ずる心は如来からのものです。私らにはたらいているのは疑う機能だけです。己《おの》れの人生を疑う、何をした生涯であったら満足したといえるのだろう。満足したといっても不満足といっても死んでいく、死からみてどうなるのか。私らの頭が一番はっきりとはたらくのは疑いでしょう。如何に愚かでありましても何か疑って生きているということになる。だから疑念というものを磨《みが》かずしては生きておれない。疑いの訓練をせしめられて生きております。けれども私の隣りにおる人さえ信じられない私らが、自分の信ずる力で本願を信ずるなど出来るわけはありません。

「南无阿弥陀仏」と称えて、まことの信心をまことにえた人は、三行目、「憶念の心つねにして」、「憶念弥陀仏本願」と。念仏称えるというのは「憶念」することです。そして「仏恩報ずるおもいあり」というのは、弥陀のおこころの中に、私が目ざめることです。弥陀のはたらきになりきることが、「仏恩報ずるおもい」ということです。どこまでも尽くしてゆける静かな情熱の人となることです。

30

五濁悪世《ごじょくあくせ》の有情《うじょう》の
選択本願《せんじゃくほんがん》信ずれば
不可称不可説不可思議《ふかしょうふかせつふかしぎ》の
功徳は信者ぞたまわれる
（行者の身にみてり）

「功徳は行者の身にみてり」、または「功徳は信者ぞたまわれる」、さらにまた国宝本には「信者のみにみてり」と詠われます。聖人は「行者」という言葉も「信者」という言葉も一方だけではもどかしさを感じられたようです。ただ今の時代でも、あの人は信者であるという言葉は、うやまいではない。あるいは何か現代に切り結ばない、現代から脱落した人というふうなのです。それから行者といいますと滝に打たれているような特別な感じをもつ。だから信者とか行者といいますと、銀行などで活動している人、現在に生き現代を生かしめている、社会がその人を必要とする、そういう世界に生きておるのでなくて、その枠外にあると見られがちですが、真の内容をもりあげたい願いに立つわけです。

聖人においては、念仏は「あたえる」、信心は「たまわる」。これを和讃のうえで明瞭にされたのです。念仏は如来が「あたえる」、信心はいただける値打のないこの私が「たまわる」。無資格にして如来のおこころをこの身にいただく。無資格にして「たまわる」喜びは、勇みたつものを覚えます。

「五濁悪世の有情の　選択本願信ずれば」、「五濁悪世の衆生が、われを救いたもう本願を信ずることができるならば」。「不可称不可説不可思議の　功徳は信者ぞたまわれる」。如何なる言葉をもってしてもほめることができない、説き尽くすことができない、私の思いでもって思いめぐらすことができない、これが「不可称・不可説・不可思議」ということ。心も言葉も絶え果てるということ。私の思いを乗りこえ、私のいかなる表現も乗りこえたもの、これが本願を信じてたまわった「功徳」である。念仏の功徳は、念仏申す人のうえにみち溢れてまいります。

「信者ぞたまわれる」といいますのは、「念仏の功徳は、念仏を信ずる人のうえにいただくのであります」と、この念仏を信ずる人が大事だと思います。念仏の功徳についてよく現世利益《げんせりやく》のねがいをこめます。実は念仏だけが現世利益に新しい眼をもたしめるのです。どうにも動きのとれない現実が、念仏称えてどうにかなるのなら、誰が念仏称えましょうか。動きのとれない現実を動かすために念仏があるんじゃありません。万策《ばんさく》尽き果てて、ただ念仏するより道がなくなる。そこに私どもの無底の底から、私のここに在る存在が受けられていたのである。だから、どうにかなるというのではなくして、どうにもならないところに念仏がある。そういう念仏の「功徳」というものを、今ここに詠いあげておられるわけであります。

さて次は「智願」、智慧です。「智慧の念仏」「信心の智慧」、それから「智願」と、だんだん「正像末法和讃」が佳境に入ってくると、こういうところでございます。「正像末法和讃」のここぞというところ、魂の高鳴りというようなものを、強く感ずる和讃でございます。

31　无㝵光仏のみことには
未来の有情利《り》せむ（ん）とて
大勢至《だいせいし》菩薩《ぼさつ》に
智慧の念仏さづけしむ

「無碍光仏」というのは阿弥陀仏のことです。「みことには」というのは、「阿弥陀仏が仰せられるには」という意味です。「未来の有情」というのは、現在の有情を除外するということではなく、現在から未来まで貫き徹っている。未来の有情の救済を求める姿を展望しているのです。「大勢至菩薩」というのは観音菩薩とならび、弥陀・観音・勢至と、弥陀三尊といわれておりまず。阿弥陀の慈悲をあらわして観音、智慧をあらわして勢至と称します。

この勢至菩薩がわが国において見えるお姿を示されたのが法然上人である。だから勢至菩薩というのは法然上人として生きておいでになる。そういうところに、「智慧第一」といわれるような、智慧の高い法然上人を仰いでおいでになるのだと思います。しかも、観音も勢至も阿弥陀のなかに抱きかかえられてこそ生きるのです。阿弥陀をはなれては観音も勢至もないのです。弥陀あるがゆえに観音あり、弥陀あるがゆえに勢至ありと、こういう一体観というものがあると思います。「大勢至菩薩に　智慧の念仏さづけしむ」、「未来の有情を利せんがために、大勢至菩薩をとおして、大勢至のお力によって、智慧の念仏をさずけて下さった」というのです。

さて「智慧の念仏」ということについて、智慧と念仏とはどのようにかかわるものか。智慧という言葉で私どもがどういうことを感じるかというと、暗かったことが明るくなる、筋道の見えなかったことが筋道が見えてくる、智慧という言葉からこういうことを感ずる。そうすると「無碍光仏」、「いかなる煩悩をもってしても碍《さまた》げることができない光の仏」、だから「無碍光仏」は智慧である。智慧が欲しいというのは、これは人間の切実な願いです。

ところが阿弥陀仏が自らを没して、私の苦しみ悩むすがたをみて、私のためにご自分の身を与えて下さる、そのときに私にさずけて下さるものが智慧です。それはかたちが見えませんから、それを私の手にとるように見えるかたちでさずけて下さるのが念仏です。「如来の智慧を念仏として与えたもうた」と、こういうことです。これは和讃あるがために明らかになったのです。だから念仏する私のなかに何が働くかというと、念仏とともに如来の智慧が私に働きはじめる。念仏称えてどうにかなるのならお念仏称える必要もない。人間の歩みのとまるときがある。どうしてみようもない、日が経てばどうにかなるという問題でもない。退くことも進むこともできない。留まっておることもできない。どうにもしてみようのない一点に立ったとき、念仏せずにおれなくなるのです。念仏というのは神秘的な働きをするのではなくて、そこに弥陀の智慧が私どもに働きはじめる。それはどういうかたちかわからんのですけれども、どうにもならなかった私が、生死の断崖に立ちつつ道が開けてくる。これを聖人は「智慧の念仏」という。如来の智慧を私の智慧としたもう念仏、念仏というのは声なんですけれども、ただの声ではなくして、声とともに智慧が働いておる。だから智慧から涌《わ》きでた念仏、智慧を与えたもうところの念仏。こういうように、私どもの思いをだんだん深めていくことのできるのが、「智慧の念仏」であると、私はその聖人の深いお心を、ここにいただくわけです。

32　濁世《じょくせ》の有情をあわれみて（は）

勢至念仏すすめしむ
信心の人(ひと)を摂取《せっしゅ》して
浄土に帰入せしめけり

先のは「未来の有情」、ここでは「濁世の有情」。「濁世の有情」というのは、聖人は末法のただ中に立つ。だから「五濁悪世のわれらをあわれみたもうて、弥陀が勢至菩薩となって弥陀の名号を私におすすめ下さった」と。勢至菩薩をとおしてのお念仏だから、「智慧の念仏」をおすすめ下さった。そうすると私の身のうえにどうなるかというと、念仏することによって如来のおん手の中に摂取されておるということに目覚めるし、その人をまた、信心の人とおよび下さる。信心をいただくことによって、われらはどこに導かれるのであるかというと、浄土に入らしめられるのである。この「信心のひとを摂取して」というのは、「摂取されたことを知るゆえに信心の人と名づける」という意味です。この和讃は前の和讃とちがった、特別のことをいっておいでになるのではないのです。

33

弥陀釈迦(釈迦弥陀)の慈悲よりぞ
願作仏心はえしめたる
信心の智慧にいりてこそ
仏恩報ずるみ(身)とはなれ

前の「智慧の念仏」に対応して、「信心の智慧」という。「念仏の智慧」という表現はない。また「智慧の信心」ということもない。ここに深い思《おぼ》し召《め》しがいただけそうですけれども、いろいろ先学のお言葉をたずねましても、聖人がこのように受けとめられ、表現された所以というものが、まさしくそうでありましたかと、こう領けるようには説かれません。「弥陀釈迦の慈悲よりぞ」の表現は、国宝本にも文明本にも「釈迦弥陀」となっております。こういう場合は「釈迦弥陀二尊」、「二尊一致」ですから、この「一」に着目しておいでになるのだと思います。こういう聖人のお言葉というものは、ご恩を感じての深いおもいです。「釈迦弥陀」「弥陀釈迦」と、弥陀のなかに釈迦が生きつづけておいでになる。われらに慈悲をもたらしめたもう二尊のご恩のかたじけなさを詠っておられるのであります。

「釈迦弥陀の慈悲よりぞ　願作仏心はえしめたる」、「願作仏心」というのは、前に何度もでてまいりました「浄土の大菩提心」であります。「仏になりたいと思って弥陀の誓いを信ずる心」、これが「願作仏心」です。国宝本の左訓に、「われをしてほとけにならしめたまえと、ちかいをしんずるこころ」とあります。「釈迦弥陀二尊の温かい、こまやかなおはたらきによりまして、私の身に願作仏心をたまわることになりました」と。そうしてその「願作仏心」のことを言葉をかえて、つぎに「信心の智慧にいりてこそ」、国宝本左訓には「弥陀の誓いは智慧にてましますゆえに、信ずる心のいでくるは智慧の起こると知るべし」とありまして、「信心となって生きて働く智慧に入ることができてみますと、仏のご恩を報ずるというよろこびがわいてきたのであります」と。「仏のご恩を報ずる身」とならなければ、これはわが身に何ごともおこらなかったということです。聖人が「正信偈」をお作りになるときにも、「知恩報徳の為に」「恩を知りて徳を報ず」「仏恩の深遠なるを信知して」といっておられます。だから、仏恩を報ずる心がおこったことが、信心だということです。信心のしるしということは、ご恩かたじけなしという思いがわが身におこってくることです。ご恩を感ずるということは、わが身には、ほこるべきものは何もないということです。自我妄執が砕け散るばかりです。

34

智慧の念仏うることは
法蔵願力《ほうぞうがんりき》のなせるなり
信心の智慧なかりせば
いかでか涅槃《ねはん》をさとらまし

国宝本左訓には「弥陀の誓いをもて仏になるゆえに、智慧の念仏と申すなり」と、強い主張が出ます。私がただ今、智慧の念仏をさずかる身になりましたのは、幾世《いくよ》かけて必ず目をさましてやりたいというおはたらきがはたらいて下さればこそだと。それを「法蔵願力」と仰ぐのです。これは先程の「仏恩報ずる身」というのと噛《か》み合わされておるわけであります。私どもは自分の虚《むな》しい生き方というものが、何か一ついいところへ到達いたしますと、自分の今までの生涯も無駄のようにみえたけれども無駄でなかったと、それを生かそう生かそうといたしますけれども、聖人はそうではないのです。自分の苦悩が実を結んだというのではなくして、私の思いとは離れたところで、私以上に私のことをみそなわしたもう、法蔵願力のなしたもうところであるのです。自分の苦労というものを苦労とはなさいません。仏に自分の求道の苦労を売り込む必要がないのです。「もし私に信心の知慧というものがひらめくということがなかったならば、どうして私が大般涅槃をいただくという目が開けたでありましょうか。私に涅槃を望む力はありません、しかし信心が私をして涅槃を開かしめて下さいます」と。信心と涅槃というものが直結しておるわけであります。国宝本左訓には「まことの仏になるを申すなり」と明示されます。

今まで拝読しましたこの四首というものには、「智慧の念仏」「信心の智慧」というものが貫いておりまして、一連の和讃といただいて結構かと思いますが、こうして「智慧」ということを語って、つぎの三十五首・三十六首の非常に感動的な和讃がでてくるわけであります。和讃から私どものいただくものは、韻律による感動です。静かな深い感動をいただくのでありますが、今の「智慧」ということを語った後につづく二首の和讃、これは非常に調子が変わっております。今までいただいてきた和讃と、全く色合いが違っておることにお気づきだと思います。

35

无明長夜《むみょうじょうや》の燈炬《とうこ》なり
智眼《ちげん》くらしとかなしむな
生死大海《しょうじだいかい》の船筏《せんばつ》なり

罪障《ざいしょう》おもしとなげかざれ

「無明長夜の燈炬なり」、この左訓は「煩悩を長き夜にたとう。灯はつねのともしび、炬は大きなるともしび。弥陀のおん誓いを灯にたとえ申すなり」です。この一首は法然上人がお亡くなりになり、謝恩会のご法事（中陰中、六七日）が催された。そのときに聖覚法印が導師を勤め、「表白文」をのべられる、そのなかにでてくる言葉です。

「無明長夜」、私どもの実感できる言葉が「長夜」です。夜明けのこない長い夜、これをもって私どもの「無明煩悩」を喩えられたものです。その「無明」を破らんがための灯です。信心というものは、何時でも無明と光明の瀬戸際に立つ、その時を捉えたものです。「智眼くらしとかなしむな」、智慧のまなこがくらい。「如来の智慧を開かせたまえ」と、これは人間の無底の底からの深い祈りです。人間の悲しみとして、一番大いなる悲しみは、智慧の眼の暗さであります。「智眼くらしとかなしむな」ということは、如来が人間の悲しみを見通されてのお言葉でありま す。私らの生活設計というものは、悲しむことのないように、笑って暮そうと、みんなそう思っている。仏法はそうでない、まず悲しむ心をもちなさいという。何が悲しいかというと、「智眼のくらさ」が悲しいのです。智慧の眼の盲《めし》いていることが悲しい。私はこの「智眼くらしとかなしむな」というのは、非常におごそかなものだと思います。まず私の「智眼くらし」と悲しむところからはじまる。泣いてもいないのに泣くなといったって、他人ごとに聞えるのは当然です。泣いている人こそ泣くなという呼びかけが響くわけです。法然上人は「悲しむ心をもつべし」と。

これは聖人が八十四歳になって、お手紙のなかに、法然上人のこの言葉をありありと思い出していられます。如来のお心においては、人をとがめないで悲しむ心である。私たちが如来のお心をいただくためには、この悲しみの心という場がなければ、如来がおでましになる場所がない。悲しむ心をおこした私に、「かなしむな」と、こう呼びかけて下さる。「罪障おもし」と歎いておる人に「なげかざれ」と。ここに罪を許す大悲の温情が身に迫って生きてきます。

「生死大海の船筏なり」、「みだのがんをふねいかだにたとえたるなり」。生死流転の無明の大海に溺《おぼ》れて救いを求めている私に、ここに船がある筏があると。「罪障おもしとなげかざれ」、罪障の重いということがわからないものに、「なげかざれ」というお心は響いてまいりません。私は罪と障《さわ》りの塊《かたま》りだということを知らしめられ、その罪と障りをどうしようもない私に、「罪障おもしとなげかざれ」との思いがけない呼びかけを聞いて、ここに如来の本願があると、はじめてこれが響いてくるのであります。

36

願力无窮《がんりきむぐう》にましませば
罪業深重《ざいごうじんじゅう》もおもからず
仏智无辺《ぶっちむへん》にましませば
散乱放逸《さんらんほういつ》もすてられず

聖覚法印の『唯信鈔』のお言葉によって詠われます。『唯信鈔』というのは、『歎異抄』にも唯一の引用書としてその名が見えます。「弥陀いかばかりの力ましますと知りてか、罪業の身なれば救われ難しと思うべき」と。『唯信鈔』は「仏」「罪悪」それが『歎異抄』では「弥陀」「罪業」にかわっておりますけれども、『唯信鈔』が聖人のお弟子たちに読まれていた証拠です。いまのご和讃のところ、『唯信鈔』の言葉を掲げます。

仏力無窮なり、罪障深重の身を重しとせず。仏智無辺なり、散乱放逸のものも捨てることなし。ただ信心を要とす、そのほかをば顧みざるなり。

これはよく調《ととの》えられた文章で、和讃せずにおれない響き合いを感ぜられたのでしょう。聖覚は法然上人そのままです。それだから上人亡きあと法然上人につかえるようなお気持ちで慕い敬っていかれたわけでしょう。「如来の本願の力は窮りなくましますので、私の罪業がいかに深く重くとも、それがさまたげにはならず、仏のお智慧はほとりなくましますから、私どものような、心散り乱れているもの、散乱放逸のものも見捨てるということがないのです」と。

現代日本の患い、病い、痛みを縮図にしたようなものが水俣病だと思いますけれども、この水俣病を日本の問題にして下さった石牟礼道子という方があります。水俣病のむごい苦悩のすがたをたくさんお書きになっているその中に、『苦海浄土』と更に『わが死民』、そのサブタイトルに、この「散乱放逸もすてられず」、の讃言がつけられております。幼少時から、土地の伝統として、浄土の教えが骨肉となっているのです。石牟礼さんこそ浄土の光の中の人として、「散乱放逸もすてられず」というようないつくしみの目が生きておると思います。だから私は、水俣病というような地獄をとおることによって、日本にも再び「散乱放逸のわが身である」ということを感ずる感覚が生まれてくるように願わずにおれません。「願力無窮」「仏智無辺」というものを受けとめてみれば、「罪業深重」も「散乱放逸」も許されてあったのです。ここにいよいよ大悲に感泣し、直接には聖覚への謝念がいまさらに湧きあがります。

37

如来の作願《さがん》をたづぬれば
苦悩の衆生(有情)をすてずして
廻向を首《しゅ》としたまひて
大悲心おば(を)成就《じょうじゅ》せり

「如来の大悲本願はどうしておこされたのかと、おたずねしますと、苦悩の衆生を救いたいがために身をさしだしたのです」という。先程は「散乱放逸もすてられず」と、ここでは「苦悩の衆生をすてずして」、前の和讃によびおこされているのです。「廻向を首としたまひて　大悲心をば成就せり」、これは曇鸞和尚の言葉です。まず「苦悩の衆生」というものがありまして、その苦悩の衆生をみそなわして救いたいという願いを発し、如来は本願をおたてになって、何を最初にされたかというと、「廻向」を第一の仕事とされたのです。「廻向を首としたまう」というのは、廻向をはじめとすることで、五念門とよばれる礼拝《らいはい》・讃嘆《さんだん》・作願《さがん》・観察《かんざつ》・廻向《えこう》という、その最後を第一とするのです。まず礼拝をし、仏の徳をほめ讃え、仏の浄土へ生まれたいと願い、仏や浄土のすがたをよく観察し、この全体を如来に廻向したてまつるのが五念門。この一番しまいにある廻向を一番始めにもってきて、「大悲心をば成就せり」、如来のお心がご満足なさったというのです。左訓にも「慈悲のはじめとし、かしらとして、大慈悲心を得たまえるなりと知るべし」と解されます。

だから「廻向」ということは私の方から如来に捧げるのではなくして、如来の方から「廻向」、如来のお心というのは慈悲心、苦悩の衆生をみそなわして、如来みずからがどうにかしなければと立ち上がって下さって、そこで私に何を与えて下さったかというと念仏を廻向して下さった。だから「如来は念仏廻向を第一番とし、如来のお心、大悲本願を私の身のうえに成し遂げることができたのであります」と。

38

真実信心の称名は
弥陀廻向《みだえこう》の法なれば
不廻向《ふえこう》となづけてぞ
自力《じりき》の称念きらはるる

前の和讃を、もう一つ深めてお詠いになった和讃です。「真実信心の称名」、「如来廻向の信心とともにある称名」と。如来の心が私の上にはたらくのが信心、信ずる心も如来によっていただいたものです。信心をともなわない念仏は念仏になりません。信心は念仏にかえります。「称名」といったら、南无阿弥陀仏そのものになることです。「如来のお心が私のなかにふき出したお念仏は、これは阿弥陀から与えられた法であるから、不廻向となづけます」と。「不廻向」というのはへんな言葉ですけれども、これは法然上人の言葉です。だからこの「不廻向」という言葉をつかいながら、法然上人への謝念を詠っておられるわけです。

「不廻向」というのは「廻向を要とせず」、私が如来に廻向するものは何もなしということです。なぜかといったら「阿弥陀の廻向の法だから、私の廻向にあらず」と。「不廻向となづけてぞ　自力の称念きらはるる」、信心からでてきた念仏でなく、「私からでてきた念仏は如来これをきらう」ということです。

この「廻向」というのが、真宗では非常に重要になります。だいたいこの「廻向」という字は、こちらから向こうへというかたちででてきた字なのです。ところが真宗では、如来のお仕事が「廻向」、私の仕事は「廻心」なのです。「廻心」というのは私の心がひっくり返る、自分の心では如何ともし難いことを「廻心」という。心をひるがえす。如来の方から自分の全体を私に与えて下さることを「廻向」という。くるっと廻して向きをかえてこられる。自分の全体を南无阿弥陀仏として、われをたのめよという。「私において廻向ということはありません」と、これをはっきりとお詠いになったご和讃であります。

39
弥陀《みだ》智願《ちがん》の広海に
凡夫《ぼんぶ》善悪《ぜんあく》の心水《しんしい》も
帰入《きにゅう》しぬればすなわ(は)ちに
大悲心とぞ転ずなる

阿弥陀如来の本願は智慧であると、聖人はこう受けとめていられるのであります。だから智慧という言葉によりまして、それが私どもから離れていない、私どもと別なところに弥陀の本願が動いているということでなくして、弥陀の本願という言葉をもちいておるけれども、これは智慧である。私どもの身に智慧をいただく、そういうことを、弥陀の本願をもってあらわしておる。だから本願だけれども、そこに「智願」と「智」という字がおかれておるわけであります。「本願の智慧は、それはちょうど広い海のようである」と。そして二行目、「凡夫善悪の心水も」、「凡夫善悪」というのは「善悪の凡夫」といった方がわかりやすいでしょうか。善の縁が与えられれば善人となり、悪の縁が与えられれば悪人となる、これが凡夫であります。しかも善を為しても、凡夫の為した善では善で助かるというわけにいかない。善でも助からない、悪でも助からない、これが「凡夫善悪」ということです。凡夫といいますのは、仏法の教えを聞くことによって、自分自身にだんだん目ざめてまいりましたときに、「われらは凡夫である」ということがはっきりしてきます。仏は凡夫をそのままに放っておくということはなさらないので、私に凡夫の目覚めを与えて助けたい、これが如来の願いであります。私は何ものであるかということを知らないと、お助けにあうこともできない。私どもは人の世にさまざまな不満をもっておる。もつれて解けない問題というものは、凡夫であることに目ざめることによって解けていく。ですから凡夫という言葉は、私にとりましては救いの言葉であります。

「善にもなり悪にもなる凡夫の心の水も」、「帰入しぬればすなわち」、これは「海」と「水」ですから、「そういう水も本願の広やかな海に流れ入りますと、帰るべきところへ帰るやいなや時を失なわずに、その善悪の汚れがそのままに、如来のわれを憐みたもう如来のお心に転ぜられていくのであります」、「大悲心とぞ転ずなる」。この「転」という字はたくさんの用語がありまして、転変《てんぺん》・変廻《てんね》・転入《てんにゅう》・転識《てんじき》・転成《てんじょう》などがあります。身に感じた罪を消したまえと、こういうふうに祈りをささげるのが宗教ということになっておりますけれども、聖人の宗教には罪をば消し失なわずしてのお言葉のように、そういう私どもが宗教だと思うのは入っていないのです。

「大悲心とぞ転ずなる」、「善悪の心の水みな大悲の心になるなり」と。この「転」というのは、私どものもっているものが消されてなくされてしまうのでなく、「善悪の凡夫の心」というものが材料になって、如来のはたらきのなかに転ぜられてしまう。私を苦しめていたものが、実はそうでなくして、私も助かり、あなたも助けていくような力にかわっていく。こういうことを聖人はご自分のおさとりのなかで、明らかに体験しておいでになったのだと思います。

40　造悪このむわが弟子の

邪見放逸《じゃけんほういつ》さかりにて
末世にわが法破《は》すべしと
蓮華面経《れんげめんぎょう》にときたまふ

『蓮華面経』という、珍しいお経がでてきます。この『蓮華面経』というのは、釈迦入滅の三月ほど前にお説きになったといいます。仏法は滅びない、滅びないものが仏法だということを生涯説いてきた、外からは壊せるものでないが、わが弟子のなかに、この仏法を獅子身中の虫となって滅ぼしていくものがあると、このように説かれているのが『蓮華面経』です。これをご覧になって、非常に感動され、身体にひびいたのです。

聖人は自己の家庭のことそのままは出されない、自己の在る所に立脚してそれを思想的に公のこととして、仏道を歩むものの公の道として語っていかれるのが、つねの方法であります。私事に固執《こしゅう》するのでなく私事の意味をよみとり、歴史の事実に立ちます。私どもはめぐまれて聖人の教えをいただきながら、果《はた》してこの聖人のあとにつづいておるか、ということに思いをいたすわけであります。

「邪見放逸さかりにて末世にわが法破すべしと」、「末世」というのは「末法」というのと少し感じが違うようです。「末の世にわが仏法を滅してしまうだろうと、このように『蓮華面経』に説かれます」と。それを人に訴えるのでなくして、自らに告げておいでになる。そして内面に燃え上ったものを、このように静かにお経にかえし本願にかえし念仏にかえして、そうして詠いあげていかれる。ご自分の体験というようなものは、表には出されない。それは出すべきものではないということをはっきりつかんでおられると思います。

仏道というものは必ず師がいります、師にお尋ねしなければわからないことがでてきます。聖人は、堂々たる師の識見をもって、善乗房というものを破門しておいでになります。こういう事実というものも、この和讃には押さえられておると思います。ただ釈迦のことだけでなしに、ご自分の痛みを感じ、またそういう自分の門弟のなかから、こういう人がでてきたという問題を幾《いく》重《え》にもつつんで、この一首の和讃ができておるのだと思います。

「邪見放逸さかりにて」、「邪見・放逸」と二つの言葉がつづいてでておりますが、ここで「放逸」というのは、照らし出された私どもの見苦しいあさましい日暮らしのすがたでありますが、しばらく前の和讃では「散乱放逸もすてられず」とありました。「散乱放逸もすてられず」と、如何にも温かく包まれると思っておると、ここでまた霜柱のたつような「邪見放逸さかりにて」とでます。それは法を破るから黙視できないのです。「造悪このむわが弟子」この「造悪」について「造悪無碍」という言葉があります。悪もお赦しいただく、悪を悪だと目ざめしめてお助けいただく、そういう教えだからといって、悪を好んでは間違いである。悪人目当てのご本願であるからといって、悪を思うさまに振舞うというのは、本願の正意を理解しない「造悪無碍の輩」というべきです。

郵便はがき

料金受取人払郵便

京都中央局
承　　認

1989

差出有効期間
2022年3月
31日まで

(切手をはらずに
お出し下さい)

6008790

110

京都市下京区
正面通烏丸東入

法藏館 営業部 行

愛読者カード

本書をお買い上げいただきまして、まことにありがとうございました。
このハガキを、小社へのご意見またはご注文にご利用下さい。

お買上 **書名**

＊本書に関するご感想、ご意見をお聞かせ下さい。

＊出版してほしいテーマ・執筆者名をお聞かせ下さい。

お買上
書店名　区市町　**書店**

◆新刊情報はホームページで　http://www.hozokan.co.jp
◆ご注文、ご意見については　info@hozokan.co.jp

14.3.50000

ご氏名《ふりがな》	年齢　　歳	男・女
〒□□□-□□□□ ご住所	電話	
ご職業（ご宗派）	所属学会等	
ご購読の新聞・雑誌名（ＰＲ誌を含む）		

ご希望の方に「法藏館・図書目録」をお送りいたします。
送付をご希望の方は右の□の中に✓をご記入下さい。　□

注 文 書

月　　日

書　　名	定　価	部　数
	円	部
	円	部
	円	部
	円	部
	円	部

配本は、○印を付けた方法にして下さい。

イ. 下記書店へ配本して下さい。
（直接書店にお渡し下さい）

（書店・取次帖合印）

書店様へ＝書店帖合印を捺印の上ご投函下さい。

ロ. 直接送本して下さい。

代金（書籍代＋送料・手数料）は、お届けの際に現金と引換えにお支払下さい。送料・手数料は、書籍代 計5,000円 未満630円、5,000円以上840円です（いずれも税込）。

＊お急ぎのご注文には電話、ＦＡＸもご利用ください。
電話 075-343-0458
FAX 075-371-0458

（個人情報は『個人情報保護法』に基づいてお取扱い致します。）

41

念仏誹謗《ひほう》の有情は
阿鼻地獄《あびぢごく》に堕在《だざい》して
八万劫中《はちまんごうちゅう》大苦悩
ひまなくうくとぞときたまふ

「念仏誹謗」と聞けば「唯除五逆誹謗正法」がすぐに浮かびます。「正法」ということを「念仏」とお読みになっています。念仏以外に正法はない、正法は念仏となってあらわれるほかないのです。「念仏誹謗」は人間の根源にくらいことです。

「念仏誹謗の有情は　阿鼻地獄に堕在して」「阿鼻地獄」というのは「無間地獄」のことです。「無間」ということは「あいだがない」苦しみがつづいて一服するときがない、それが「阿鼻地獄」です。「諸経意和讃」の第九首に、

衆生有礙のさとりにて
无㝵の仏智をうたがへば
曽婆羅頻陀羅地獄にて
多劫衆苦にしづむなり

この「曽婆羅頻陀羅」というのを左訓して、「無間地獄の衆生をみては、あら楽しげやとみるなり」。こちらは曽婆羅頻陀羅地獄、向こうは無間地獄、こちらから向こうの無間地獄をみると、「あら、たのしげやとみるなり」。このように三名も、地獄の名前がでてまいります。仏智を疑

う罪、念仏を誹謗する罪、これは必ず地獄に堕ちると。如来はあなたが地獄に堕ちることのないようにねがうというのが聖人の地獄のいただきようであります。

源信和尚の『往生要集』の「地獄篇」を拝見いたしますと、怖いところです、地獄の怖さなんて耐えられるわけがありません。「念仏誹謗の有情は　阿鼻地獄に堕在する」、この念仏誹謗とは誰のことか、ことさら念仏の悪口をいう人は念仏者のなかにはないと思います。ところが念仏するものが獅子身中の虫となって念仏を誹謗している。念仏しつつ如来のお心にわが念仏が相応していない。私が念仏しつつそれが念仏になっていない。声はだしておるけれども、如来の呼び声が私に聞こえてこない。それだけ逆に、このお言葉が、欠くことのできない問題として私に迫ってくるのであります。

「八万劫中大苦悩」、この「八」とは『観無量寿経』には「八十億劫の生死の罪」といいます。それから八万四千の煩悩とか数字をこえた意味をもつようです。八万劫は万劫を尽くしています。その間断なき苦悩は耐えきれません。苦悩は身心を喪失せしめます。この地獄に堕在せしめないようにとて、念仏があるのです。南无阿弥陀仏が、われに帰せよと叫んでいます。その念仏に背いていたのであった、というめざめの中で、誹謗という生死の罪の重さが知られてきます。誹謗というかたちでなければ、念仏の声が聞けなかったわけです。わたしを地獄へおとそうとするものがあるのでなく、また自分でおちようとするはずもないが、おちてゆく身となっていたわけです。そこにこの一首によって、転機がもたらされようとします。おそれずに何度でも拝誦《はいじゅ》して、大悲の深さにわけいるばかりであります。

42
真実報土の正因《しょういん》を
二尊《にそん》の御《(み)》ことにたまはりて
正定聚に住すれば
かならず滅度《めつど》をさとるなり

いずれの和讃でもそうですが、厳密に、その一首が真宗を語るというような、そういう言葉の選び方が、和讃にははっきりみえております。只今の和讃など、浄土真宗のすべてがここに語られている。それほど聖人の和讃というのは、一首一首のうえに完結しておる、それ以上他をまつ必要がないということです。特にこの和讃などからは、そういう感銘を強く受けるのです。

二行目の「二尊のみこと」、「みこと」というのは、「御言」「みことば」です。四行目の「滅度」、これは「涅槃」ということと一つでありまして、「涅槃」というのは「離言」、言葉を離れている。豊かな内容がありながら、言葉で表現することができない。仏教の表現では「離言の真如」ともいいますが、真如とか涅槃とかは、言葉を超え離れておる。それが言葉となって「二尊のみこと」、その「お言葉」が、私の救いになる。こういうところが、ここにはっきりでておるわけであります。

「二尊」ということ。これは聖人が大事におつかいになる語法でありまして、ある場合には

「弥陀釈迦」、ある場合には「釈迦弥陀」という。聖人が「二尊」という言い方を案じ出されたのではなく、善導和尚が『観無量寿経』の独特のご解釈をなさいました『観経疏』の「散善義」のなかの「二河白道」のお譬えというところに出てまいります。

仰いで釈迦発遣《はっけん》して指《おし》へて西方に向はしめたまふことを蒙《かふむ》り、又弥陀の悲心招喚《しょうかん》したまふに藉《よ》りて、今二尊の意に信順して、水火二河を顧みず。

「釈迦発遣して」釈迦の押し出す力がなければ、私が歩むことができない。どちらを向いて行ったらいいかわからないので、「指《おし》へて西方に向はしめる」。これは浄土教の根源の言葉です。「発」というのは出発させる、「遣」はつかわす。浄土の方へ向かって歩ましめる。「釈迦発遣して指へて西方に向はしめたもふことを蒙り、又弥陀の悲心」。こういうところ、善導和尚の言葉というものは、機械的でありません。そこに弥陀という言葉をおだしになりますと、「弥陀の悲心」というふうに筆がはしります。

「弥陀の悲心招喚したもう」。釈迦がこちらから「行けよ」と押し出して下さる。そうすると前方から弥陀が「招喚したもう」。「喚」という字、「弥陀観音大勢至　大願のふねに乗じてぞ生死のうみにうかみつつ　有情をよばふてのせたまふ」。喚びかける。喚びかけるというときには、向こうからこちらへ来る。聞こえない顔をしておるので、一歩如来が踏み出すのです。この発遣と招喚、これを「二尊の意に信頼して」と、このように一つの言葉におさめておられますが、これが実は南无阿弥陀仏なのです。

最初の行の「真実報土の正因」、「正因」というのは『唯信鈔文意』に、「この信心はまことの浄土のたねとなりみとなるべしと、いつわらずへつらわず、実報土のたねとなる信心なり」と。阿弥陀如来の願心から開かれた、願心荘厳の浄土を「まことの浄土」というのです。そうすると、「まことでない浄土」は何だといえば、私どもがこういうのが浄土であろうかとつくりあげておる浄土です。

「真実報土」というのは、私どもが自分の心一つで、私が正直になり、濁りのない人間になり、きれいになったから迎えられてお浄土にまいるというようなことでなくして、そういうきれいな心に落第する私のために、如来が私に対する大悲の心、如来の願心から生み出された「真実報土」に私どもが助けられていくというのです。だから只今の「二尊のみことにたまはりて」というのも、釈迦弥陀二尊が、私どもを悲しむ心を止めることができないで、私どもに対してあついお心をそそがれて、如来の方から私の方を信ずると。そのようにして如来が私を信ずる心を廻向表現されることを「賜わる」という。助かる資格なくして、私を信ずるお心を如来の方からおこしていただいた。それはどうしてわかるか。南无阿弥陀仏の御名のなかに、われを信じたもうお心というものが動いておる、こういう感銘です。

「真実報土」というのは解放された世界です。私らのは閉鎖する、自分だけが選ばれようとする。そうでない、だから何の注文もない。「真実報土の正しき因を、二尊のみことにたまわる」。「みこと」というのは南无阿弥陀仏です。向こうから私どもを信じて下さる、そういう信ずる心が私にうつってくるわけです。如来のわれを信じたもうお心というものが、私どもにうつってくる、これが喜びです。こういう喜びの他に、私どもの安らかな気持というものは、他のどこからもやってこないと思います。

そういう念仏を称える身のうえになったならば、どういう世界が私に聞かれるか。その私の生活というものを言い尽くした言葉というものが、「正定聚」です。これを七十九歳のお手紙に聞いてみましょう。

真実信心の行人は、摂取不捨の故に正聚の位に住す。

「真実信心の行人」「真実」というのは如来、「如来廻向の信心」ということです。これは如来が私を信じられる。これが信という言葉の発端です。如来でなければ信という力はおもちでないのです。だから如来が私を信ずる力、「廻向」というのは向こうから与えられる。如来が私を信じたもうお心が、南无阿弥陀仏となって、私に与えられる。これが「真実信心の行人は」ということです。

「摂取不捨」、「摂取してすてざれば　阿弥陀となづけたてまつる」、私が助かったことによって、阿弥陀仏となる。だから私が助かったことと、阿弥陀が阿弥陀になるということと同時です。私が捨てられていないから、ここに阿弥陀という素晴らしい名称がある。阿弥陀に信ぜられておる念仏を称えている、私の南无阿弥陀仏の声のなかに阿弥陀が動いておられる、如来の真実が動いておられる。だから念仏して人生を歩んでいられる方は、「摂取不捨の故に、正定聚の位に住す」

というのです。この「正定聚に住す」に続いて、
　この故に臨終まつことなし、来迎たのむことなし。
　これで人間の思いを断ち切られたわけです。それだけ、「正定聚の位」というものがどれほど重いか、どれほど素晴らしくかがやいたものであるかということを感じたいわけです。「臨終まつことなし」、私どもにとって一番怖いのは、臨終がくることです。これは仏法のお話を聞きに来られる方の深い関心であり、安らかに死にたいということが本然的にあります。安らかに死にたいということは、死に際に苦しみ少なくありたいという肉体的なことよりも、よい人生でありました、死ねるようになりましたと、こういえるようになりたいということです。そして、死に際が立派であれば一生涯が立派にみえると、そういうことに非常に心を用いられた方もおいでになるようです。
　ここに、非常に明瞭に、「臨終まつことなし」と、こう言い切っておられます。それは、如来のお力で念仏しつつ歩んでおる私の人生においては、臨終ということは私の問題になりませんと、すでに臨終を超えていられます。これで言い尽くしておいでになるのでしょう。これはお師匠法然上人を承けておられるのだと思います。法然上人は、
　弥陀の本願うたがはずして、念仏申さむ人は、臨終わるきことはおほかた候まじきなり。
といっておられる。これはまた念仏に対する確信です。念仏する身が今生の終わりに臨んで悶《もだ》えて死ぬようなことはありえないことですと。

しかも「おほごの太郎へ御返事」の中の、

よしなき臨終正念をのみいのる人などの候は、ゆゆしきひがいんにいりたることにて候なり。

との法然上人のお言葉に明らかにされている通り、今念仏しておいたら、死に際が安らかになるというような、そんな異時因果、因果が時を異にするというのではないのです。今念仏している一念が、何時でも人生の始めに立ち、何時でも人生の終りがここにあると、そういう確信を語っておられます。それをじっと聴聞していた聖人のお言葉が只今の「臨終まつことなし」となります。だから、肉体的な終わりというようなことは、聖人の仏道では入ってこないことです。

続いて「来迎たのむことなし」と。「来迎」というのは阿弥陀のお迎えということ。それを私は、別にお頼みしたいという気持をもっていないという。これは投げやりではありません。既に阿弥陀は、そのような臨終でなくて今ここにおいで下さっている。だから臨終に際してお迎えを願うというようなことがどうしているだろうかというのです。

臨終まつことなし、来迎たのむことなし、信心の定まるとき往生また定まるなり。

と、もう一点の加減も許さない、明瞭なお言葉であります。法然上人の、

もとよりの行者、臨終のさたはあながちにすべきやうも候はぬなり。仏の来迎一定ならば、臨終正念はまた一定とおぼしめすべきなり。

を同時に想起するわけであります。

現生正定・必至滅度、こういう言葉でよばれております。何で「現生」というか「正定聚」と

いうのはお浄土の言葉です。お浄土に生まれてこられた方がたの中には、邪定とか不定とかいう方はおらない、悉《ことごと》く正定聚の方がたばかりであると、このように経文には説かれていまして、それを聖人は、念仏する人は現世において正定聚に住するのだと、こう受け止められた。現生正定の位にのぼった人は「かならず滅度をさとるなり」。「滅度」の左に、「大般涅槃なり」と、解説をしておられる。聖人はご自身の心の弱さというものを、あさましいと歎いておられますけれども、ご自分のいただかれた仏法については、これは胸を張っておられます。末法の世にいただく仏法だから安ものだ、そういうことは断じてない。究極の大般涅槃《だいはつねはん》の身の上になる。もと煩悩の火が風に吹き消されたすがたを涅槃という。「大」はすぐれているという意味です。この世において、私が正定聚の位にのぼって、「かならず滅度をさとるなり」、この「かならず」というのが先程の同時でございまして、今にきておるわけなのです。聖人は「現に是れ」というところから出発していられますから、今の救いです。「今」の救いでなければ、私どもに救いのくる場所がありません。「今」の救いであるとおっしゃったのを、今日の私どもがそうでないような表現をするのはおかしいことでないかと思います。

この頃、念仏の流行を論ずる人びとの対立的意見を聞いておりまして、一方の側が一方に向かって、あの人たちは念仏しておらん、あなた方の集まりは念仏がないといいはる。お念仏というものは、他の欠点をひろう、人の間違いをひろうようなかたちで、いうべきでないと思います。お念仏に対する非常に慎しみのないすがたではないでしょうか。そういう言い方というのは、お念仏からはでてこないのです。「念仏を謗り憎む人をも、謗り憎むことあるべからず。憐れみをなし悲しむ心をもつべし」というのが、法然上人から聖人が聞いておられた大事な態度です。念仏のことを悪くいう、念仏なんか称えてもつまらんことだよという人があっても、念仏というのは如来の心が私の中に満ち溢れたものだから、念仏を憎み謗る人があっても、逆にその人を憎んだり謗ったりする必要がないのだ。念仏によって充実しておる。だから「憐みをなし悲しむ心をもつべし」と。お念仏からでてくるものは、やはりわが身を憐れみ、わが身を悲しむ心である。いかに平和の世が来ようとも、いかに問題が落着しようとも、人間には苦悩があるし悲しみがある。私ども人間は悲しむ心から逃げようとするわけです。悲しんでいる人は気の毒な人だとみるばかりで、私どもに悲しみを悲しむ力はありません。「悲しむ心」は如来のものなのです。私自身のために悲しむことさえできないのに、人のために悲しむ心、そういう心は如来からいただかねば私に芽生えてきようもないものです。

43

十方《じっぽう》無量の諸仏の
証誠《しょうじょう》護念《ごねん》の御《(み)》ことにて
自力の大菩提心の
かなわ《(は)》ぬほどはしりぬべし

「十方無量の諸仏」、このお言葉は、釈迦・弥陀・十方の諸仏と、こういうふうに、釈迦・弥陀と同格のように、ならんでおつかいになるのでありまして、お手紙のなかにもこういう言葉がでてきます。「五濁悪世のわれら、釈迦一仏のみことを信受せんこと有り難かるべしとて、十方恒沙《ごうしゃ》の諸仏証人とならせたまふと、善導和尚は釈したまへり」と。聖人は自分のお心のなかに、活き動いている言葉を用いる自己を離れた言葉ではなくして、その言葉のなかに自己が生きている、こういう生き方でなかったかと思います。だから聖人が生涯かけて何をなさったかというよりも何を生きられたかということが聖人の仏法でなかったかと思います。この和讃で詠われたところは、日夜聖人の身体のなかに動いていた問題であったと思います。だからお手紙の言葉と和讃とその趣《おもむき》が一つです。そしてしかも自分の身体のなかに、もうこなれきっておる言葉でありながら、「善導和尚は釈したまへり」と。私どもは人から聞いた言葉や聖人のお言葉を拝読して、自分の領解《りょうげ》できたところは、つい自分のような言葉で申してしまいます。ところが聖人は、「と善導和尚が仰せられております」と。こういう言葉に接しますと、私どもの仏法に立ち向かう汚《けが》れた根性というものが、照らし出される思いがします。

「釈迦一仏のみことを信受せんこと有り難かるべしとて」、釈迦がどれほど仰せられましても、私どもの耳というのはよくよく疑い深くできておるので、釈迦お一人ではわれわれに徹《とお》らないという。こういうことを聖人が実感しておられます。そこで、「十方の諸仏証人とならせたもう」。「只今釈迦牟尼が仰せられたことは、私どもが証明しますから、間違いありません」と。これでなお、あなたが「み言葉」を信受できなかったら、あなたの方に実は問題があるというのです。

「証誠護念のみこと」について『阿弥陀経』にたずねてみましょう。

是の如き等の恒河沙数《ごうがしゃすう》の諸仏在《ましま》して、各其の国に於いて、広長の舌相を出だして、遍《あまね》く三千大千世界に覆《おお》ひ、誠実の言を説きたまはく、「汝等衆生、当に是の『称讃不可思議功徳一切諸仏所護念経』を信ずべし」。

この言葉が六回繰り返してでます。「出広長舌相」、広く長い舌を出す。これは釈迦に三十二相八十随形好《ずいぎょうこう》という特異相がありまして、釈迦は舌を出して髪の生えぎわまで届いたという。広く長い舌、ということは、真実の言葉を説き得る能力をもった舌ということです。釈迦の言葉に間違いはないということを十方恒沙無量の諸仏が、東方の仏も南方の仏も、声をかぎりに証明して護りますというお言葉です。これが「証誠護念のみこと」です。それによってどういうことを知らせようかといいますと、「自力の大菩提心の　かなはぬほどはしりぬべし」と。「自力の菩提心」というのは、自分から発した菩提心に対するお敬いの心を「大」という。「大」の字をつけるのは、菩提心に大きい菩提心がある、小さい菩提心がある、という意味ではなく、菩提心というものを褒《ほ》めている言葉なのです。だから、こういう十方の諸仏のお護りによるのだから、私どものの自分の力で発した菩提心でもってして果し遂げるものではないというきっぱりした調子です。

44　真実信心うることは
末法濁世にまれなりと

仏事のあれこれ

葬式のはなし		菅 純和	一、〇〇〇円
数珠のはなし	10刷	谷口幸璽	九七一円
墓のはなし	6刷	福原堂礎	九五二円
仏壇のはなし	4刷	谷口幸璽	九五二円
袈裟のはなし	7刷	久馬慧忠	一、二〇〇円
お盆のはなし	2刷	蒲池勢至	一、二〇〇円

絵はがき

法語絵はがき 3刷

おかげさま

吉田ゆずる絵／ことば
350円（12枚入・ケース付）

心あたたまる言葉と絵がたくさん！行列ができるほど人気となった佛光寺の絵入り「法語印」の生みの親による、12枚入り絵はがきセット。

待望の CD 化！

CD版　全3集
曽我量深説教集

真宗教学の道場、高倉会館で
の昭和35年から亡くなる前年の
45年までの講話を収める。

各巻10,000円[分売可]

CD版 2刷
大谷派三帖和讃

読唱 井沢暢宏　12,000円

寺院、門徒共用。
三淘、繰り読みによる全325首を
収めたCD。独習に最適。
〔 CD6枚組 ・ 解説書付 〕

おすすめの法話本

各1,000円

- やわらか子ども法話　桜井俊彦
- 子どもに聞かせたい法話 5刷　仏の子を育てる会編
- うつにならないための法話　和田真雄
- 引きこもりを克服するための法話　和田真雄
- 他力信心を実感するための法話　和田真雄
- 念仏の音が聞こえるとき 2刷　大窪康充
- 仏教からみた念仏成仏の教え　小川一乗

伝道シリーズ

各190円

1 仏道としての念仏 7刷　小川一乗
3 いのちの満足 7刷　田代俊孝
4 親鸞さまの求道 6刷　信楽峻麿
5 歎異抄はどんな本か 2刷　中西智海
7 悲しみをこえる人生 12刷　浅井成海
8 浄土真宗の救い 6刷　中村 薫
10 清沢満之に学ぶ生と死　田代俊孝

※2、6、9は品切

現代の聖典

- 蓮如上人御一代記聞書 4刷　三、二〇〇円
- 蓮如 五帖御文 11刷　三、〇〇〇円
- 親鸞書簡集 全四十三通 4刷　二、二〇〇円
- 改訂版 蓮如上人 帖外御文ひもとき 2刷　西山邦彦　四、二〇〇円

本願寺教如教団形成史論

大桑　斉編著

大量の消息類を発給し、新たに真宗寺院を生み出すことで教団構造を編成した教如。その変革者としての知られざる姿を描きだす。

七、〇〇〇円

曇鸞浄土論註の研究

親鸞「凡夫が仏となる」思想の原点

小谷信千代

往生浄土の意義を正しく理解するために、浄土教の原点である『浄土論註』を精緻に読み解き、他力往生の根源的意義を明らかにする。

八、〇〇〇円

親鸞の往生思想

内藤知康

2刷

親鸞が説く「往生」は、現生か死後か――。往生思想の本質を考察するとともに、親鸞の著作を汎く綿密に検討して、往生論争に終止符を打とうとする注目の一冊。

七、〇〇〇円

新装版で読む名著

新装版 内村鑑三と清沢満之

いかにして〈信〉を得るか

加藤智見

「信仰」はいかにして得られるのか?本書は積極的・自覚的に自らの信仰を選択した二人を通して、「宗教の近代化」を考察する。

一、九〇〇円

新装版 浄土和讃講話

川瀬和敬

親鸞の著作である三帖和讃の一つ『浄土和讃』。本書は一一八首で構成される和讃一つ一つ易しく丁寧に読み解いた名講話。

一、四〇〇円

新装版 教行信証

星野元豊

本書は『教行信証』を宗教思想書として体系づけた著書『講解教行信証』のダイジェスト版であり、親鸞の大著を読むための概説書。

一、八〇〇円

新装版 正信偈入門

早島鏡正

親鸞が著した浄土真宗の精髄である「正信念仏偈」について、その肝要を解り易く説く。現代語訳と詳細な語註を付した入門書。

一、三〇〇円

恒沙《ごうじゃ》の諸仏の証誠《しょうじょう》に
　えがたきほどをあらはせり

これは『阿弥陀経』の終わりの方に、

釈迦牟尼仏、能《よ》く甚難《じんなん》の事を為し、能く娑婆国土《しゃばこくど》の五濁悪世《ごじょくあくせ》・劫濁《こうじょく》・見《けん》濁・煩悩《ぼんのう》濁・衆生《しゅじょう》濁・命《みょう》濁の中に於て、阿耨多羅三藐三菩提《あのくたらさんみゃくさんぼだい》を得て、諸の衆生の為に、是の一切世間難信の法を説きたもう。

「一切世間難信の法」、これが「えがたきほどをあらわせり」と詠われているのです。なぜ十方の諸仏が、「わたしが証明者になろう」といって下さるかといえば、世間の人は、この法をどうしても信じようとしない。信じれば助かる、しかも信ずることができない。だから、「恒沙の諸仏の証誠によって、逆に一切世間の人が信ずることができないということをあらわしたのである。この末法五濁の世において、真実信心をうるということは稀である」と。

聖人の一番お好きな適切な表現が、「難信金剛の信楽」。私に廻向された信心は、私の方からは難です。私の方からは力の及ばない難であったが、いただいてみれば忝《かたじけ》ないというほかない。私の力では及ばなかったのに、向こうからはたらいて力になって下さったのであったと、阿弥陀のはたらきに頭を下げておるすがた、これが「難」です。「難信」というのは、自分に力なくして与えられたという、つまり廻向です。得た喜びを「難信」という。自分の感動を述べておられるのです。自力では得られない、「自力の大菩提心の　かなはぬほどはしりぬべし」と。

「真実信心うることは」、「真実」というのは如来、如来は真実。真実から廻向された信心、これが「真実信心」です。「末法濁世にまれなりと」、五濁悪世のただ中にあって聖人は生涯をかけて真実を求められた。ついに阿弥陀如来において真実がみつかった。私どもがうろついておりますのは、真実がみつからないからです。

45

往相還相の廻向に
まうあはぬみ（身）となりにせば
流転輪廻《るてんりんね》もきわもなし
苦海の沈淪《ちんりん》い（は）かがせむ（ん）

「二種の廻向」ということが浄土真宗です。聖人が法然上人の教えから受け止められたもの、法然上人のお念仏は如来廻向だと、如来廻向がかたちをお示し下さったものが南无阿弥陀仏である。だから廻向をはなれて南无阿弥陀仏はない。その廻向に二種ある。「往」というのは、私どもが如来のおん計《はか》らいによって、こちらからお浄土へ生まれていく。生まれていくのは私なんだけれども、私をして生まれしめたもう力は如来の廻向による。これが「往相の廻向」です。人間が人間として成就した、これでよかったんだといえるような私を見出すということ、それが往相の往です。それから私の生きていることが、人をして往かしめるはたらきをもつ、こういうことをみんな願っている。私が生きていることが人を浄土に往かしめる、これが還です。浄土に生まれたということは直ちに娑婆世界に立ち帰って、救いの大行《たいぎょう》に参加していく。こういうことが、聖人が往還二廻向と、言葉を尽くして仰せられた要点です。

「もうあはぬ身となりにせば」、如来の廻向がありつつ、「如来がおでまし下さっても、もし私が、それに出遇うことができなかったならば」と。向こうから出かけてきて下さる、呼びかけて下さる。「あう」ということは「信ずる」ことだ、「あう」ということによって道が開かれます。「本願力にあひぬれば　むなしくすぐるひとぞなき」、如来の本願があるということに目をさまさなかったならば、私の生涯は空しいものだ。「本願力にあひぬれば」、如来の願いが私にかけられていたのであった。と目覚めることによって、私の人生は空しくなくなるのです。私の人生が真の意味で充実するのは、如来の本願に遇うたときです。こちらが遇うんですけれども、向こうの力によって遇うた。私の力ではあり得ないことが、如来のお力によって実現する、こういう意味です。ですから、「往くすがた、還るすがたの二つまで廻向されて、もし私がその如来の廻向にお遇いできないということになるならば」、どんなことがおこってくるかというと、「流転輪廻もきはもなし」、「何時までたっても、迷いを離れるときがありません」ということです。

つぎの四行目、「苦海の沈淪」、「苦海に沈む」。「龍樹讃」にも「生死の苦海ほとりなし　ひさしくしづめるわれらをば」、とあります。だから「苦海」というような言葉を平然といえるのは、光明海・本願海ということを知っていられるからです。その光明海・本願海からながめて、私どもが如来の二種の廻向に遇わないで、私のために本願をたてていただいておるということに気づかないならば、私どもの人生が苦海となる。本願海に目をさましなさいというところです。

46

仏智不思議を信ずれば
正定聚《しょうじょうじゅ》にこそ住しけれ
化生《けしょう》のひとは智慧すぐれ
无上覚お(を)ぞさとりける

ここで「化生」につきましては『無量寿経』下巻に、「彼の化生の人は智慧すぐれたるが故に」という言葉がでております。だからお経の言葉そのままに詠っておられる、それで解《わか》りにくいのです。「化生」というのは「胎生」という言葉とならびます。「胎生」というのは、浄土に生まれながら、袋に入っている、胎宮に入って智慧がないのである。「化生」の「化」というのは「変化する」、「かわる」ですから、完全に浄土に生まれるという意味です。「仏智不思議を信ずれば」、私どもの思い、計らいの全く及ばないということが「不思議」なのです。「不思議」というのは、ほめ讃えておる言葉、如来の計らいの大きさをほめ讃えておる。「仏の智慧」というが仏は智慧です。仏は光明です。仏の光に照らされて、はじめて私の闇の深さが知られてくる。「阿弥陀仏は光明なり。光明は智慧のかたちなり」と聖人はいわれます。智慧というのは、ものがはっきりしておること。仏のお考えになることは明るいわけです。私どもは自分の大きな問題でも、生を知らず死を知らず、生に迷い死に惑《まど》っております。自己の問題がわからないのは、自分の在り場所に暗いわけです。人間の悲しみというものは信ずることができないということです。私どもには相手がどう動こうと相手を信ずるというような力はないわけです。相手次第です、相手がよければ信ずる、相手がまずければ離れる。相手が裏をみせようと、どう動こうと信ずるというふうにはいきません、これが悲しみです。だからどうして私だけで自立できないのかというところへ来ます。「如来われを信じたもう」という如来のおこころが私にうつった、私にうつってきた状態を「仏智不思議を信ずる」という。如来がわれを信じたもう力が私のものになる。私らは自分の力というものをよう人に与えない。如来は自分のもっている力を私につかわしめる。だから私に力がでてくる、でてくるのだけれどもそれは如来から与えられた力です。

「仏智不思議を信ずれば」、どういうことになるかといえば、「正定聚にこそ住しけれ」。聖人の信心は、現生において正定聚に入るというのが特色です。聖人は「正定聚の位」という言葉をつかわれます。心の境遇、心のあり方、心安らかになることができる、どっかと坐ることができる、今日私の坐り場所がでてくるというのが「現生正定」です。それでつぎに続くわけです。「現生正定の人は、完全に浄土に往生する身となって、信心の智慧に恵まれてくるのです」と。「信心の智慧」、これが聖人の特色です。智慧というのは、お念仏が呪文でなく、この身に生きることを示します。念仏も智慧、信心も智慧。智慧というのは明鏡《めいきょう》の一塵《いちじん》も止《とど》めない、明るいものです。自分の意識のうえで、今まで自分になかったものが自分の中へ入ってきて、これが私の信心だと、こういえるようなものではなく、信心という智慧であるという。智慧というのは、これだというかたちを示して、私の持ち出すことのできないものです。事にあたってはたらくものです。智慧というのは仏のもちものです。その仏の智慧が念仏のすがたを示し信心のすがたを示す。どこかに、「ただで動くものは地震だけだ」と書いてありました。人間は損得を予定して動く。阿弥陀如来はただ動くことに感動します。地震だって、人間にとって実に残酷な修羅場《しゅらば》を引き起こすわけですけれども、人間のつくり上げたものは破れていくことをいたく知らしめて、人間に対する呼びかけも感じます。地震は人間に憎まれつつ、人間のつくったものに安住しては危いぞという、警告を与えている。阿弥陀は背いている私のために、願いをかけて、ねてもさめてもはたらくことをやめない。その阿弥陀如来とは何だといったら智慧です。

「化生のひとは智慧すぐれ　無上覚をぞさとりける」、「無上覚」というのは、この上もないすぐれた覚りです。「現生正定聚に住している人は、完全に浄土に生まれ、その化生の人は智慧がすぐれていて、そのすぐれた智慧によって、この上もないまことの覚りが開けてくる」と。私らが願わなくても、信心をいただいたならば、最高の覚りが約束されておるのです。覚りを得ようと思って覚りが得られるものでない、信心によってその中に覚りがだきかかえられている、その信心はまた、南无阿弥陀仏の中にだきかかえられているのだと。そして証大涅槃という覚りは信のなかにだきかかえられている。信心の人はこの世において正定聚に住し、浄土に生まれて無上覚をさとるのだ。「浄土に生まれて」といいますと、間があくようですけれども、これは聖人の確信です。信のある人は必ず証を恵まれておるのです。

47
不思議の仏智《ぶっち》を信ずるを
報土《ほうど》の因としたまへり
信心の正因《しょういん》うることは
かたきがなかになほかたし

「報土」というのは阿弥陀(を)の開かれた本当の浄土ということです。報土は化土に対する。化土というのは私ども人間の心に浮んでくる浄土です。平素宗教に無関心さをよそおう人であっても、病いが重いということになると、早うお迎えをいただきたいと誰にともなく訴える。これは日本人の通念です。そういうときにでてくる国が「化土」です。極楽とか浄土とか絶対信じないという人がありますけれども、それは何もないといいつつ「化土」を向こうにおいておる。ひそかにえがいた国を思うておる。そういう人間の妄念妄想の生み出した世界、それが「化土」。だから化土のない人はない。なにもないところに立つことのできない自分の弱さを知るものだから、かえってその化土を否定してみて、その強さによりかかろうとする。そういう人間のつくった世界、それが化土です。理想の世界・夢の世界、あるというもないというも、みな化土です。

「報土」というのは、私の願ったところでない、阿弥陀如来の開かれた世界です。だから、「不思議の仏智を信じた信が因となって、如来の開かれた真実報土に生まれ、その本当の浄土に生まれる因である信心を得ることは、かたきがなかになおかたし」と。この「なおかたし」ということは、信心一つで報土に生まれるとは、かたじけないことだというのです。本当に目を開いてみれば、わからなかった筈《はず》だ、人間知ではなかったのだ。人間知を破った如来の智慧のはたらきであったと、こういう聖人の感銘を語られたものが、「かたきがなかになおかたし」であります。信心を得ることのできた謝念です。

48

无始流転の苦をすてて
无上《むじょう》涅槃を期《ご》すること
如来二種の廻向《えこう》の
恩徳《おんどく》まことに謝《しゃ》しがたし

「無始」というのは「始まりがない」、「無始」ということが「流転」ということを、いい尽しておる言葉であります。私どもが迷いつつその迷いの始を知らない、何時から迷っておるのか、私の時間の観念の及ばないほどの遠い昔からということです。「流転」というのは、流れておるけれども何ものにも行き当たらない、ただただ流されておる、ただ人生を転ばされている。世の中に引き廻され、時間に引き廻され、もっといえば自分の業に引きずられている。「流転」というのは、こういう「業」といわれるものと深く絡《から》んでおるわけです。だから私どもがどんな苦しみに会いましても、どれ程の不幸に会いましても、わが身が流転しておるとは思いません。何度この世に生まれてきても、流転の迷いをはなれ得なかったあなたなのだ、一体どうするか、こういって私どもに迫ってこられた言葉が、只今の「無始流転」という言葉です。だから私どもを照らし、私どもを自分のように思っているはたらきがなければ、こういうことはでてまいりません。私よりももっと私が見えているのです。

「無始流転の苦をすてて」不思議な響《ひび》きです。幾度も幾度もこれを口ずさんでおりますと、これは大変なことをいっておられるということが、私どもの身にだんだん響いてまいります。それで大事なのは、「苦をすてて」というところです。比叡山でご修行なさいましたのは、何であったかと申しますと、「生死出づべき道」を求めて、ということです。だから「曠劫より流転」というものを、今や捨て去るときがきた、それより離れるときがきた。こういうわずかに一行でありますけれども、根源転換の活力は、私どもの骨身にこたえて、これが仏法というものだと感じ入ります。「無始流転の苦をすてて　無上涅槃を期すること」になったのです。

仏法の言葉というのは、そこに立ったところから出てくる。「無上涅槃」に入られたところからこれを語るのです。「無上」というのは、比べることを超えていると、そういう意味での「勝れた」ということなのです。涅槃というのは「勝れた」ものだとほめ讃えて、それを「無上」という言葉で表わされておるのであります。「期する」というのは期待ではなしに、確約されているということです。聖人のつかまれた仏法というものは、釈迦がそれを最高の宝として喜ばれた「無上大涅槃」というものと、「いし・かわら・つぶて」のような今日の私たちに開けたものと、何等《なんら》かわるものではないと、こういうことを立証しようとなさったのです。「無上涅槃を期することができた」と。「無上涅槃」、向こうからこちらへ向かって見えてくるから、もう私がいただいたも同然である。しかし今つかんだというい方はしない、どこまでも向こうへおく。これが真宗の非常に大事なところで、私は仏に成りましたということはいわない。いわないということに、絶対の自信があるのです。何時も未来・将来にもっていく。将来というのは「将に来らんとする」と。時というのは何時も向こうから私の方へ歩んでくる。こういうことが根源にありまして、この和讃が詠いあげられておるのであります。

「如来二種の廻向の　恩徳まことに謝しがたし」と。「如来」というのは仏と同じことですが、「如」というのは本当のあり方、そうあらねばならないというあり方が、向こうから私どもの方へ歩んでくる。歩んできて「如」というものを私どもに示現される。「如」が歩みつつ、如がくだけずに如として私のところにおいで下さるところの「如来」。「如来」というのは阿弥陀如来ということで、阿弥陀如来をはなれて「如来」といっていられるのではありません。

「如来二種の廻向」、まず「廻向」というのは、如来が自らを私に与える。「与えられた」ということがわからなければ、与えられてもどうにもならんのです。南无阿弥陀仏という言葉として、与えられた。南无阿弥陀仏になったことが、これが廻向ということなのです。聖人はこれに感動しておいでになるんです。阿弥陀如来といっても、南无阿弥陀仏という声がなければ、私にわかるときがない。だから阿弥陀が全存在をかけて南无阿弥陀仏という声になって、私の方へ呼びかけてきて下さった。こういって呼びかけて下さったということが、いい知れない深いご恩というものです。

「二種の廻向」というのは、私が助かる、これが一種。私が助かったことが、あなたに影響を及ぼしていく、これが二つ目、この二種です。私の喜びが、あなたをも喜ばせていく。人の生きておるのはめいめい自分の業だけを果たしておるようですけれども、やはりその業を果たしつつ、どういう意味においてか人さまのお役に立ちたいとねがう。これがなかなか満足にできないのです。どんなに近い間柄でも、自分のためと人のためと、これがどうしても、あいせめぐことになります。「往相」、これは「往くすがた」。往くというのは、生死の迷いを断ち切ることです。助けられていくすがたです。助けられてまいりますと同時に「還相」、「かえるすがた」、私があなたを助けてあげるというようなことはできないけれども、助けられた私のなかに働いていて下さる阿弥陀のお力が、これが私に人を助けるような力を与えて下さる。往相の利益をいただいた人には、還相の徳が輝くのです。この「往相・還相の廻向」ということを他にしては、私の喜びをあなたもまた喜んでいただくということは起こり得ないことなのです。

「如来二種の廻向の　恩徳まことに謝しがたし」。私どもが仏の心をいただいて生きるということは大事業です。世の中のことたいていは私一人におさまる。その私というのは泥の器ですから、ただ私のなかへ放り込んだに過ぎない。その泥の器を、金の器にかえていただいた、そのかえていただく力が、あなたをもかえていく。これが実はみんなが望んでいることです。私のためが同時に人のためになる。「自利・利他」。自らが利せられる、自利というのは、私がそれによって生死の迷いを断ち切ることのできるような、そういう利益を自利という。そういう自利をいただきますと、利他、他を利する。私のなかにはそういうものはない、私のなかにはないのだけれども、その私に自利としていただいた利が、必ずあなたにも利益を与えていく。こういうはっきりしたものをおつかみになって、このように詠いあげられておるところであります。

49
報土の信者はおほからず
化土《けど》の行者はかずおほし
自力《じりき》の菩提《ぼだい》かなはねば
久遠劫《くおんごう》より流転せり

善導のお弟子の懐感禅師が『釈浄土群疑論』をお書きになった。懐感禅師は、みなの人が浄土に対して疑いをもっている、それに一いち答えて釈明に立った。はじめの二行は、ここにでてくる言葉です。

「報土の信者はおほからず　化土の行者はかずおほし」。「報土」というのは、如来の開いた浄土です。「化土」というのは、私が画いた浄土です。「信者」と「行者」と、二様でておりますが、これは聖人の御苦心の存するところで、「信者」と「行者」と違いがあるというのではないのです。「行者」といったら念仏を信じて念仏称える人、「信者」の方は念仏を信じておる人、こういう意味ですから何もかわりはないのです。

真宗で信者・行者というのは、その閉じておった胸が開けられたのですから、人生観の転回が起こるのです。念仏して如来に全面的にお任せしていくということは、今まで人生というものの意味がわからなくて、暗い思いをしておった、そういうものが明るく開かれてきた、その喜びの第一歩をふみ出した人が信者であり、行者であるわけです。私のいっていることは、信じておると思っておる人にもまた信じない人にも、みんなうなずいて聞いていただけるはずだと、こういう確信があるのです。人を限定するのでないのです、私らは差別見に執《とら》われて、自分をも本当に見ないかわりに、人をも見ぞこないばかりしております。人を軽んじて生きております。ところが如来というのは、私ども一人一人を重んじたもう。今信がなくても、あなたは信をもっていただく人だ、こう見ることのできるのが如来です。私らは人を見て過去をせめる、悲しいまなこです。如来は人間の未来にまなこを開いておいでになる。信じているとか信じていないとか私のつくったものでしょう。私のつくったもの、私の計らいというようなものは一切無用です。

「報土の信者はおほからず」、「おほからず」というと、何か張り合いがないようにみえますが、これは懐感禅師のお言葉をそのままおつかいになったからで、「報土というものに目を開いて下さい」というのです。自分で浄土を画《えが》いておるのは「化土」です。私らの方からは必ずそういうものを画くのです。浄土があるという人も、浄土がないという人も、みんな人間のこしらえものです。人間の力で、人間のつくったもので何かものがいえるのなら、宗教的世界などというものは必要ありません。私どもは、少し生きる経験を重ねてみれば、人間の智慧で人間はどうにもならんものだという、人間そのものに破れてくるわけです。だから浄土のありなしの論議というものは、みんな「化土」です。自分の求道では化土のほかなく、報土往生はとてもかなわぬので、ずっと流転がつづくばかりです。

50

南无阿弥陀仏の廻向の
恩徳広大不思議にて
往相廻向の利益には
還相廻向に廻入せり

「南无阿弥陀仏を如来から私に廻向された」と、これがこの和讃の中心点になる。浄土真宗の中心というものは、「南无阿弥陀仏の廻向」である。阿弥陀如来が南无阿弥陀仏という声になって、今私にはたらいているということです。「その恩徳というものは広大であって、私の計らいの及ぶところでない」と。南无阿弥陀仏を廻向されたということを、ここまで自分の中心問題として感じておられるところであります。感恩、如来のご恩を感じる、感によって恩がある。だから宗教心というものの中心は感でないかと思います。如来の廻向を恩として感じる。仏法には業感《ごうかん》という言葉があります。業感縁起。感じることによって業というものがでてくる。業として感じる、業感です。そういうこととこの感恩ということと思い合わせまして、「恩徳広大不可思議にましlます」と。その恩を感じた内容を第三行目と四行目にあらわされまして、「往相廻向の利益を恵まれたそのうえに、そこに止まらず、還相廻向までいただくことになりました」と。廻入するであろうではなくして、「廻入せり」。往相の廻向が自ら還相の廻向に転入していく。廻入・転入・帰入、ひとりでに転回していく。そうしますと、廻入とか転入とかいう言葉で結ばれますのは、往と還・往きと還り、こういうように、私どもの受けとめ方は二つのかたちになるわけでありますが、もう一つ、私が往くためには、私のところまで来ていただいた力がある。もっと具体的に申しますと、浄土真宗では聖人のことを「還相の菩薩」と仰ぎます。還相の菩薩というのは、浄土からこちらへ還ってこられた方。もう既に浄土を見て、われわれのところへその浄土を知らせるために出てこられたという仰ぎ方をしておるわけです。その人に触れるときに浄土を感じるのです。曽我量深師は、大還相という言葉を用いられる。私が浄土へ往けるのは、向こうからこちらへ道を開いて下さった、向こうから私に浄土を告げにきて下さったからという。曽我量深師が大還相とおっしゃったのを、少しして哲学者の田辺元博士が絶対還相、何ものにも先立って、まず還相があるといわれた。非常にたくさんの言葉を費して、浄土真宗の教えというものの中心は、還相というところにあるとお説きになっておるのであります。

浄土真宗といえば、阿弥陀如来という名前がでてくる。如―来です。如というのはそのまま、もののあるべきそのまま。如というのは、真如とか如々とか一如とか、これは言いきれないものなのです。その真如・一如・真理が私どもの現実まで届いたものが真実、こういうことになるのでしょうか。真ということをこの私の身の上に証《あか》して下さる、真が実となる。そうしますと、如という、本当のものが私の現実の上にかたちをあらわしてくる。如が来、如が来たる、それが大還相なのです。だから真如が私の身の上に顕現する。その如来が来て下さった力によって、私が如来の方へ歩んでいくことができる。私が浄土へ向かって往く力も、還る力も同時に与えられる。往く力も還る力も与えるもの、これが如来である。これを往還二廻向とよぶわけであります。往相の背面に還相を感じます。

「往相廻向の利益には　還相廻向に廻入せり」、聖人の和讃というものは、類歌とは全く別格のおもむきをもっておりまして、はかなさとか、あわれとか、ほのかというような、幻想の世界へ人を引き入れていく詠歎調というものを切って捨てた、豊かな浄土思想の高い格調がたたえられています。如来が南无阿弥陀仏となり、その南无阿弥陀仏によって浄土へ生まれる、また浄土から還り来たって還相の眼をもって娑婆を見る、ということもみな、そこに成り立っていくのだという、そういう大いなるものに頭を下げて、自己の無力というものを懺悔《さんげ》しておいでになる。いやむしろ懺悔できないことが懺悔となっている。そういう激しく厳しいもの、一点もゆるがせにすることはできないものがあるのです。こういう格調の高さというものが、繰り返し拝読しておりますと、私らの身にしみ通ります。

51

往相廻向の大慈より
還相廻向《げんそうえこう》の大悲をう
如来の廻向なかりせば

浄土の菩提はいかがせむ（ん）

二種の廻向を、大慈大悲とに分けて、その感銘の強さを表現されたものです。大慈と大悲と、そのはたらきに違いがあるのでなく、二種の相を深く仰ぎたく、往相廻向・還相廻向ということを、如来の大慈悲心のあらわれと、こう受けとめておられるのです。大慈大悲ということを、苦を抜くとか、楽を与えるとか、そういう文字の解釈は、もうここでは必要がないと思います。如来のお心が大慈悲心、その大慈悲心が私の身の上に南无阿弥陀仏となってあらわれたもうたものが、往相と還相です。その三行目、「如来の廻向なかりせば」、これが只今申しました懺悔です。懺悔ですから、人のために詠っておられるのではない。聖人においてはすべての言葉が信心を明らかにする、信心をあらわしだすならば、人がそれに応じて感動することも間違いがない。自分の確信を語られる。宗教というものの本当のあり方に徹しておられる。人を誘うというところは、この和讃からはでない。私においては是の如しと、自己の確信というものを語られる。如何に的確に信心を四行の和讃をもってあらわすか。信心によって信心を詠い上げるのです。

「如来の廻向なかりせば　浄土の菩提はいかがせん」。「如来が私に呼びかけてきて下さらなかったならば、本願に目を開くことができなかっただろう」。「浄土の菩提」、これは信心ということです。私らは人間の命をいただきながら、私が誰かに何かを与えて、その人が迷いを転じて悟りに入るという、そういう与えるものはさらにない。それを与えて自己の何ものも減じない、そして与えられた人は最高の喜びを感じる。その与える力があるのが如来。私どもがたまたま人にものを与えますと共に沈む。如来は自分の全体を南无阿弥陀仏となって私に与える。「弥陀の名号あたえてぞ」、これは聖人が和讃製作のうえで感得あそばした言葉です。「名を与える」。自分自身を私のために燃え尽くしていただいたわけです。その如来が与えるということがなかったならば私の信心は一体どうなったであろうか。「浄土の菩提はいかがせん」。信心によって、私が私に成る。信心がなければ、私として生きておる意味がない。本当の自己、如来によって見い出された新しい私を喜ぶという絶大な出来事です。私の信心というようなものはない。私どもはもとの私を温存しようとする。そうでなくして、先程「懺悔」ということを申しましたけれども、「廻心」という言葉が先にきて、廻心懺悔、心を廻らして、私の心をひるがえすことからはじまります。もとの私をそのままにして私は信心を得たということになりますと、私という亡霊みたいな心が、もう一辺ここにでてくることになります。この私の心がひるがえされる。馴れ親しんだ私ですから、惜しい気がいたしますけれども、私の心は砕かれてゆくのです。このように「廻心懺悔」ということを、和讃は教えて下さると思います。

往相ということをはっきりすれば、還相はそれについてくる。これから還相をやるのだということはありません。「還相廻向に廻入せり」です。往相をはっきりする。私ども人間の願いのなかに、わが身のためと同時に、人のためにというものが動いておりますが、人間の思いとしてはそれが実現できない。人のためをはかろうと思えばわが身がかるくなる、わが身の方に重点をおけばわが身の生き方のさもしさを感じる。私は、人のためだという人に出会いましても、飾り言葉の上手な人だというふうに感じるし、逆に人のことはかまわないという人に会いますと、どうしてそういう貧しい生き方をなさるのかと、訴えてみたくなる。わが身のため人のためということで言葉では簡単にいいますけれども、私どもは皆、それを悩んでおるのです。ある若い先生のお話を聞いておりましたら、この頃の中学校や高校の若い人たちが自殺するのは、「悲しむ」ということを大切に教えないからではないかと。どんな嫌なことに出会いましても、それを三日も四日も悲しんでみる、悲しんでおる間に道が開けてくる。それを誰も「悲しむ」ということが人間の一番大切なことだということを教えないので、悲しむ訓練ができていないのだと。真に悲しむことができるならば、世をはかなんだり、冷たく眺めたり、世にあることをきらったりの情は出てきません。これを還相の眼というのでしょうか。

52

弥陀《みだ》観音大勢至《かんのんだいせいし》
大願《だいがん》のふねに乗《じょう》じてぞ
生死《しょうじ》のうみにうかび《(み)》つつ
衆生《しゅじょう》《(有情)》をよばふてのせたまふ

これは横川《よかわ》の恵心僧都の『往生要集』中本に引用された『無量清浄平等覚経』の文のままです。それは「阿弥陀仏、観世音大勢至とともに大願の船に乗じて生死の海に浮かび、此の娑婆世界につきて衆生を呼喚して大願の船にのせて西方に送着せしむ。若し衆生うべなって大願の船にのぼれば、並びに皆去《ゆ》くことを得る。これはこれ往き易きなり」とあるものです。迦才の『浄土論』にもこのまま出ております。これは長い間真宗のお説教に愛用されまして、聞いて覚えるのにも覚えよく、口にのぼせるにも調子がよく、ちょっと風格の違った珍しい和讃です。

「観音」は阿弥陀の慈悲をあらわし、「勢至」は阿弥陀の智慧をあらわし、弥陀と別にあるのではないのです。聖人のうえでは、観音が聖徳太子というすがたをとられ、勢至菩薩が法然上人というすがたをあらわされたと、こういうことが一つあります。

「弥陀観音大勢至　大願のふねに乗じてぞ」、三尊とも読めますし、弥陀が観音となり勢至となって、とも読めるわけです。「大願のふね」、本願の船、大慈大悲の本願の船に、弥陀観音勢至がお乗りになって、「生死のうみにうかみつつ」、「生死のうみ」というのは私らの苦悩の海です、悲しみの海です。海は永遠に尽きない世界を意味します。苦悩の生死海に浮かんで、今や沈まんとする衆生に呼びかけていただく。呼びかけて下さる声によって往相が成り立つ。往相がはっきりするならば、信心の定まるときわが往生が定まります。

53

弥陀大悲の誓願を
ふかく信ぜむ《(ん)》人《(ひと)》はみな
ねてもさめてもへだてなく
南无阿弥陀仏《(を)》ととなふべし

顕智書写本では「南无阿弥陀仏ととなふべし」とあり、文明本には「をとなふべし」と変わりますのは、聖人の御苦心の存するところとうかがいます。しかもこの「ねてもさめてもへだてなく」は、私どもの生き方が強く問われます。「ねても」というのは、寝るときということだろうか、「さめても」というのは醒めたならばすぐにお念仏称えるということだろうか。そうでなしに寝ているときも称えるということだろうか。これがやれなければ、聖人を慕うような顔をしておってもはじまらない。その方がどれほど尊い方であっても、私がその道を歩むことができなければ、褒めているそのことがおかしい、自分と関係のない人を立派な人だといっておっても、これはかないことになります。そういう苦しみをもって思念を続けていますと、「唯除睡時常憶念」、こういう言葉を見つけたのです。これは善導の『往生礼讃』の言葉です。善導がわが身に輝いた新しい生命、仏のおんいのちを讃えまつるという『往生礼讃』、そのなかに「眠っておるときは別にして、常に憶念する」とあります。もとの『観経』「第三観」の「唯除睡時恒憶此事」をよくおよみになったということです。これで解決ができたというのではないですが、ある一角から光がさし込んだというところです。

もう一つ、『西方指南抄』（中本）にでるところの「もし声はなるるとき、念すなはち懈怠するが故に、常恒に称唱すれば、すなはち念相続す」と。「声はなるるとき」というのは、南无阿弥陀仏の声が途絶えると、「念すなはち懈怠す」。この「念」というのは如来に思われて私が如来を思う、如来と私の思い合いです。これが「憶念」です。「懈怠」というのは「なまける」、「途切れる」ということです。だから「常恒に称唱すれば、すなはち念相続す」と。念仏の声が途絶えると、阿弥陀と私とのつながりが途切れてしまう。これが法然上人です。南无阿弥陀仏という声をはなれたら、私らは阿弥陀と直結しなくなる。ここまで念仏中心です。「懈怠」ということを嫌われたわけです。ところが親鸞聖人は、「われらは善人にもあらず、賢人にもあらず、精進なる心もなし、懈怠の心のみにして」といわれる。「精進の心もなし」。しかも与えられた南无阿弥陀仏によって、精進のできぬ身に、精進の心と力を感得するのであります。

54

聖道門の人（ひと）はみな
自力の心をむねとせり（して）
他力不思議にいりぬれば
義なきを義とすと信知せり

自力の心というものでは、仏のおこころに至りつくことはできないということを、はっきりと仰せられたわけであります。これは聖人がわが身にいただいている本願他力の仏法というものからみて、聖道門というものは、人間の心の内部のあやつりに過ぎないというのです。聖人の明らかにしたかったお骨折というものは、他力の教えを聞きながら、何時しかそこに自力が混っておることをみぬかれていることです。「本願の嘉号をもって、己が善根となす」、お念仏を称えていてもその念仏のなかに、わが身をよしとして手柄を自分の方へもってくる。他力のなかに住まいながら自力の心が消え去らない。その自力の執心、執《とら》われた心というものは、まことに根深いものであるとみる。だから聖人の仏法というものは、念仏のなかでの自力と他力のたたかいといいますか、容易なことで自力というものは頭を下げないものである。つぶれたようであるけれども、息の根を止めることができない。こういうことが、いろいろなお言葉のなかに、非常にきびしくあらわれてまいるのであります。

それで二行目の「自力」に対して、三行目には「他力」がでてきます。聖人は「他力」が仏法なのだというはっきりしたものがあるのです。その「他力」というのは、私が考えて、自分の思いによってでてきた力でなく、「他力不思議」なのである。「不思議」ということは、私の思いをもってつくり出したものでもなく、私の思いをもって把《とら》えることのできるものでもない。聖人の「他力」というのは、厳然《げんぜん》たる事実です。如来の本願力が他力。本願がならびない力をもって、私におはたらき下さる。如来の本願力のほかに他力はない。私の仏道というものは、他力によって歩んでいく、その他力は如来の本願力だ。本願がなかったならば一切むなしくなる。しかし、聖人の思《おぼ》し召《め》しに近づけば近づくほど、「他力」という言葉の重さを感じます。「超越的なるもの」とか、「内在にしてそのまま超越している」とかといってみても具体的に私どもに生きてこない。だから「他力」という言葉がどうにかならないのかと思いつつ、何時しか他力のなかへ、頭が下がっていくわけです。やはり聖人は言葉を選ばれたお方であって、自分で言葉をつくるということをなさらない。まず七人の三朝浄土の大師の言葉をいただいて、その言葉を聖人は身をもって、一つ一つ自分の身の上に証明していかれる。こういうことがだんだん尊くうなずけてまいるのであります。

「他力不思議」、「本願が私のために他力となって下さる」と。他力に対する言葉は自力ですが、自力のなかに私を救う力はないのです。自力の一切を出し尽くしましても、自力は私を救済しない。だから私が助かるために万策《ばんさく》尽き果てて、そこに躍《おど》りでていただいたものが他力です。「他力不思議にいりぬれば」、頭が下がりますと、「義なきを義とすと信知せり」。この「義なきを義とす」という言葉は、法然上人にかえされます。法然上人がいわれたから尊い。私の計らいのないのが弥陀のおん計らいである。このように先輩方がご苦労の結果、こういうように受けとめられています。

法然上人が遺されました『護念経』、これは『阿弥陀経』のことですが、この御所持の経の奥義《おうぎ》に注目したいのです。「浄土宗安心起行の事」、そこに今の「義なきを義とし、様なきを様とす」とでてきます。「様」というのは形、整った形式はいらないという。聖道門の人たちが余り形式を飾るからでしょう。「義」というものは内容、弥陀のおん計らいにすべてをお任せする。人間の思索による筋道ではないというのです。

聖人が、この「義なきを義とす」という言葉をお書きになったお手紙を拝読いたしますと、

如来の御ちかひなれば、他力には義なきを義とすと、聖人のおほせごとにてありき。義といふことは、はからふことばなり。行者のはからひは自力なれば義といふなり。他力は本願を

信楽して往生必定なるゆへにさらに義なしとなり。

これが八十三歳のお手紙です。私らは計ろうて計ろうて、計らわずには聞けないのです。計らいなく聞けといわれましても、聞いておることは計らいなのです。その計らいが尽きて、み名をよぶ、私の計らいの一切が弥陀のおん計らいのなかへ吸い込まれていくのです。そういう筋道が、今のお手紙のなかにみえております。

「他力不思議にいりぬれば　義なきを義とすと信知せり」、「不思議の本願他力に目ざめてまいりますと、弥陀のおん計らいにまかせて、私の計らいは必要なかったのだと信知する」と。この「信知」という言葉が問題です。私どもにおきましては、この「信」と「知」とが分かれています。私どもが、ものが知りたい、解りたいというのは「知」の世界です。その最後になりますと、「信ずる」というものがでてこなければ、知ることが生きてこないのですけれども、どれだけ知をみがきましても、信のなかへは入っていかないのです。「信」というものは、みがきようがないのです。「知る」ということは人間的な欲求です。けれども「信」と「知」と並べますと、信がなければ知が知にならない、肉体化しないのです。私どもはどういうことを求めておるかというと、ものを知っておろうとおるまいと、本当に尊いすがたに触れて、頭が下がりましたということに会いたいのです。尊さに頭が下がることを待っているのですが、人間の頭というのは下がらんものです。下げてはみますけれども下がらんものです。それが下がる、そういうところに動いておるものが、「信」というものだと思うのです。だから、阿弥陀仏が私を信じていて下さる。

阿弥陀仏が私を信じていて下さるということが合点できましたということが「信知せり」ということでないかと思います。「信知せり」というのは、業の身が納得したのです。私の方から信ずる力を出すとか、知る力を出すとかいうことでなくして、これは「義なきを義とす」という言葉が重いのです。「義なき」は信、「義」は知です。

55　釈迦の遺《ゆい》法(教)ましませど
修《しゅ》すべき有情《うじょう》のなきゆへに
さとりうるもの末法に
一人もあらじとときたまふ

この和讃は、道綽禅師の『安楽集』から出ています。『安楽集』というのは、聖人の真宗に至る手引き書です。これを読み抜かれたのです。和讃には『安楽集』からのお言葉が非常に多いのです。しかもそれが聖人の独創的な和讃となっています。「釈迦ののこして下さった教えはたくさんあるけれども、その教えを教えのままに修行する有情がなくなってしまった」と。「有情」は「衆生」と同じことです。「衆生」というのは旧訳、「有情」というのは新訳です。この「正像末法和讃」ではじめて「有情」という言葉をおつかいになる。「有情」というのは迷いの心のあるものです。迷いの心というのは執着です。如来の慈悲ぶかい心から、私というものを言い当てて下さったのが、「汝、衆生よ」、「汝、有情よ」という言葉です。こんな親切な言葉というのはありません。私らの交わりは非常にみずくさいものです。人が迷うておっても、心は痛まない。迷うているというようなことは、自分ひとりで感じることのできるものではないのです。「修すべき有情」、迷っておるものは迷いを離れたいという修行をしなければならんのです。道を修しなければ、有情は道が開けないわけなのです。自分が有情だとわかり、自分が衆生だと見える、自分が凡夫だということが知らされてくれば、これはもうじっとしておれない。「さとりうるものは一人もない」と。「しかるに今、自分は信の世界をいただいた」という有難さです。この有難さを「難信」。これは別にむずかしいぞということでないのです。「信」のうえに「難」の字のつくような世界が、只今のようなご和讃ではなかろうかとうかがいます。

56

三朝《さんちょう》浄土《じょうど》の大師等
哀愍摂受《あいみんしょうじゅ》したまひて
真実信心すすめしめ
定聚《じょうじゅ》のくらいにいれしめよ

八十六歳にして、「われに信心を与えたまえ」と、七高僧に対して呼びかけておられる。私はすでに信心いただきましたというのと違います。「三朝浄土の大師等」、「浄土への道を開いて、念仏申すことを教えて下さいました七人の高僧方よ」と呼びかける。一番自分の身に近い方がたです。「哀愍摂受したまいて」、これはご自分の信心の叫びです。信心のない人がこういっているのでなくして、「温かいおん手を私のところまでさしのべ下さいまして、真実信心をおすすめ下さい」と。「真実信心」ということは、これは如来廻向の信心です。真実というのは如来ということで、如来だけが真実なのです。「真実信心」というのは、「如来よりたまわりたる信心」ということです。如来廻向の信心を私におすすめ下さいまして、私を「定聚のくらいにいれしめよ」と。こうして七高僧に対して、「往生の定まった群類として退転なからしめよ」というのです。信心というのは持っておったら腐ります、何時でも今、今いただく。私どもは持っておることを願います。そうではなく、如来の時間の今いただくのです。

57　他力の信心うる人《ひと》を
うやまひおほきによろこめ(べ)ば
すなわ(は)ちわが親友《しんぬ》ぞと
教主世尊はほめたまふ

『大無量寿経』の下巻のはじめに「聞法能不忘　見敬得大慶　則我善親友」という偈文がでますが、これが今詠われております。「正信偈」には、「獲信見敬大慶喜」とあります。最初、「大慶喜」というのを「大慶人」とお書きになって、そしてまた今のようにかえておいでになるところです。「法を聞いて能く忘れず」。「忘れず」といいますけれども、「仏が私のことを忘れて下さらない」というのです。「法を聞く」というのは、聞くためには念仏を申さなければならない。

南无阿弥陀仏と称えると、弥陀がわれを呼びたもう声であると私に感じられてくる。だから自分が称えて自分が聞くのです。称えると聞こえてくる。そうすると「能く忘れず」、阿弥陀仏が私をお忘れ下さらないということがはっきりしてくる。「他力の信心うるひとは」、阿弥陀が私をお忘れ下さらない、その信心をうる人を釈迦がおほめ下さる。「見て、敬いのこころをおこして、大きによろこぶ」、この「大きによろこぶ」人が信心の人なのです。だから「他力の信心をうる」ということと、見て敬い大きによろこぶというのは一つのことです。その信心をいただいた人のことを、釈迦が私の親しい友だちだと、こういって下さるというのです。聖人は、念仏申す人はみな同法である、念仏の法を同じくする同行である。「親友である」と。ここにはじめて、私どもが親しい交わりができる。信心でなければ、人間の交わる道は開けないのです。

58　如来大悲の恩徳《おんどく》は
身を粉《こ》にしても報《ほう》ずべし
師主《ししゅ》知識の恩徳も
骨《（ほね）》を砕《くだきて》《（くだきて）》も謝すべし

この一首は、「恩徳を讃えた和讃」ということで、「恩徳讃」とよばれております。ある意味では、和讃の代表とあがめられております。これによって、真宗教団というものが、救主並びに教法につかえまつる奉仕の教団たるべく、真宗教団成立の根源をなす一首として仰がれております。

五十八首のなかで、三首だけ、聖人の和讃としては異色であってわれわれのうける感じがちがうその一つです。それは、第三十五、三十六首、「無明長夜《むみょうじょうや》の燈炬《とうこ》なり」「願力無窮《がんりきむぐう》にましませば」、この二首を拝読しますときに詳しく述べたのでありますが、その二首と只今の一首が異色です。長い間、真宗の教えが苦悩する民衆のなかに、大きな力をもって人びとの心に訴えてまいりましたのは、真宗のお説教でありますが、その説教の讃題として今のも加えて多く用いられたのであります。この三首は、聖人の兄弟子であられる聖覚法印の言葉、殆どそのままなのです。聖人の一つの特色というものは、伝統を重んずるということです。善導から法然へ、法然からわが身へと。かりそめにも自発的にこういうことを思いついたということは語られない。みな善導の言葉、法然の言葉をもって、自己の信心を語っていかれる。だから非常に高鳴っている感情を、自分の身体から吹き出すような気持でも、自分の言葉でなく、あるいは先輩の聖覚法印の言葉を用いられる、こういうところが厳しく守られている。と同時に伝統といいますと人のいった言葉にだけついていくように聞こえますが、そうではない。先輩の言葉をいただきながら、その内容は先輩よりももっと充実している。こういうところが、聖人の伝統を重んずると同時に新しい創造性のあるところです。法然上人寂後の法要の際の「聖覚法印表白」（専修寺に聖人の書写本を蔵する）に只今の恩徳讃のところがでてきます。

　つらつら教授の恩徳を思えば、まことに弥陀の悲願に等しきものか。骨を粉にしてこれを報ずべし、身を摧きてこれを謝すべし。

これを聖人は、京都へお帰りになってご覧になったものと思われます。「骨を粉にしてこれを報ずべし、身を砕きてこれを謝すべし」。「骨」と「身」が逆になっておりますが、大体そのままおうたいになっております。この言葉にはもう一つもとがあるのです。そのもとを二つとり上げて申します。善導大師の『法事讃』を拝見しますと「砕身慚謝《さいしんざんしゃ》」、「身を砕いて、釈迦の恩を慚謝する」。「慚謝」というのは、恩をいただきながらその恩を充分生かしていないとあやまる。「身を砕く」というのは、その尊いお心をいただきますと、私のつまらない心のあり方、あさましい私の我執というものが砕《くだ》けてまいります。「慚」というのは、はずかしい、「謝」というのは、頭が下がることとです。更に同じく善導の『観念法門』のなかに、「粉身砕骨・報謝仏恩」と出ております。この一首の和讃が詠いだされますについては、善導にそのもとがあり、直接には聖覚《せいかく》法印の表白文《ひょうびゃくもん》があるわけです。これだけの背景があるのですから、われわれに重味が感ぜられるのは当然なわけです。

この和讃について私思いめぐらすのですが静かな調子で誦《とな》えますと、この和讃のおこころというものが、余計に私どもにひびいてくるようです。表に出ておりますのは「報恩」ということでありますが、信心をいただいたからお礼をするということになると、いただくことと別に、何か私の作意をつけ加えることになります。この「報恩」ということは、私ども一人ひとりがご信心をいただくこと、あるいはいただいているご信心に目ざめること、あるいはいただいているご信心によって新しく私の日送りをなり立たしめること、これがそのまま報恩でないかと思います。

「報ずべし」とか「謝すべし」というのは、聖人ご自身にいっておられる。「謝す」ことのできた喜びを、自分によびかけておられるのです。「報ずべし」「謝すべし」というのは「勅命」です。「本願招喚の勅命」という言葉をつかっておいでになる。「身を粉にしても報ずべし　骨をくだきても謝すべし」という、こういう菩提心の気力というものが日本の現状として失われてしまった。これは聖人のお言葉にかえれば「勅命」です。こういう身を粉にするとか骨を砕くとかいうことを聞いた人の中には、私には到底できませんという反省を真面目に口にされますけれども、どうも聖人のお言葉を聞き誤っておられると思います。これは聖人ご自身が八十五歳から八十六歳の業の身をもって、私は今ここにおる、今こういうなかに生きておる、如来があるからわが命もある、如来によって自分の生きるすがたというものが見つけられた、如来に目ざめ自己に目ざめたという立ちあがりなのです。聖人は自分がそこに関係ないようなことは語られません、身をもって証しにお立ちになっておられたのです。

愚禿述懐

第一首に「仏智疑惑罪過」の書き入れがあり、これが讃名とも見えるのは、第二十二首にて終わって「已上疑惑罪過二十二首」とあるのと、照合したいところです。

1
不了仏智《ふりょうぶっち》のしるしには
如来の諸智を疑惑《ぎわく》して
罪福信じ善本《ぜんぽん》を
たのめば辺地《へんじ》にとまるなり

自力心を離れない行者が仏智をさとっていない証拠として、仏智、不思議智、不可称智、大乗広智、無等無倫最上勝智などの五智までもかえって疑って、仏智を信ずることができないから人間心の延長として罪福信を起こし、念仏をとなえることまでも自分の甲斐性《かいしょう》であるように誤解してたよりとするから、浄土の辺地に往生して閉鎖《へいさ》の世界に長くとどまり、広大無辺を見失ってしまうのです。大乗広智を疑うから辺境にて肩をいからせるのです。

罪福信あるいは罪福心は今讃に何度もうたわれますが、人間性の欲求としてよくわかる信心であるために、純粋なる真実信心から徹底的に批判するわけです。罪福心があるゆえにこれを分析して真実信心を明瞭ならしめることができます。罪福心は罪を消し福利を求める心ですから、もとからもっていた功利心です。人が生きるのは功利心によるのですから、無明《むみょう》の人にとっては功利心を痛むなど考えてみようもないのです。仏智を信ずるときこの無明が破れるのです。この無明が破れるまでは、自己といってもたよりないものです。罪福の信はどんなことをわが身に現わすかといえば、善い心が起こったときは自分を信じ、悪い心が起こったときは自分を信じないのですから、自己の居場所がありません。滅罪招福《めつざいしょうふく》のようなたのむ要のないものをたのむから、本願がたのめないのです。

およそ真実の道理をあきらかにきわめるについて、疑いの心は猶予《ゆうよ》しためらって決められないので、大きな障害となります。疑いは分別心という人間智をはたらかして、善心の中でも最高の信の生じないようにしますから罪の深いことです。信を言いきるときには「疑蓋間雑することなし」とか、「仏願の生起本末を聞きて疑心あることなし」とか、「疑なく慮なく」とか疑を眼前におくのですから、この疑がどのようにまとわりついて信を顕揚《けんよう》せしめないのか、死力を尽くして疑の本領を究《きわ》めねばなりません。疑はどのようにして消すのか、信こそ疑を除き証《さとり》を獲《え》しめるのですが、その疑の根の深さを大悲がよくみきわめます。そのためにこの二十二首の和讃ができているのです。

2

罪福信ずる行者は
仏智の不思議をうたがひて
疑城胎宮《ぎじょうたいぐ》にとどまれば
三宝《さんぽう》にはなれたてまつる

もし罪あらばそれを消して福利を得たいと願うことが信心だと心得ている念仏行者は、はかり知ることのできない仏智を疑っているのだから、疑いによって閉じこめられた城や胎内のふくろの中にとどまるようなもので、仏・法・僧の三宝を見聞することができなくなってしまいます。

このように知らず知らず落ち入る罪福の信の閉鎖性をうたいあげることによって、信心の広大無碍性《むげしょう》を明らかにします。信心に近そうにみえる罪福心はかえって逆に仏を見ることができないという背反性があらわにされるわけです。

3

仏智疑惑の罪により
懈慢辺地《けまんへんじ》にとまるなり
疑惑の罪のふかきゆへ
年歳劫数《ねんさいこうしゅ》をふるととく

仏智に疑惑を抱く者はその罪のむくいとして、懈慢界《けまんかい》という辺地にとどまってしまって、阿弥陀仏国に生まれることができません。疑惑の罪というものは大変重いもので、このような浄土らしく見えるけれども真の浄土でないところに、長い歳月をむなしく過ごしてしまうことになります。

「方便化身土文類」の初めには

謹《つつし》んで化身土を顕《あらわ》さば、仏は『无量寿仏観経』の説の如し。真身観の仏是なり。土は『観経』の浄土是なり。復『菩薩処胎経』等の説の如し。即ち懈慢界是なり。亦『大无量寿経』の説の如し。即ち疑城胎宮是なり。

とあり、ここからすすんで仏の心にかなった念仏一つになりえない者について「辺地胎宮懈慢界の業因なり。かるがゆえに極楽に生ずとも三宝を見たてまつらず」と示されて、辺地・疑城胎宮・懈慢界の一連を反面教師として重視して、この和讃が生まれたものであるのです。

懈慢。おこたり、あなどる。「東方偈」には「憍慢《きょうまん》と弊《へい》と懈怠《けだい》とは、もってこの法を信じ難し」とありますように、懈と慢とは相牽《あいひ》くものがあるようです。懈は懈怠、なまける。なまけ者もどこかにいるものの、多くの人は自己の道に努力しております。ただ無明《むみょう》を破る仏法にだけは、それに眼を向けずになまけ者であるわけです。自己の功利の根が断ち切られることは忍びえないからです。「懈怠を忌《い》む」というところから忌日の名が出たようですが、この期間だけは平素のなまけを離れて仏道精進《しょうじん》すべしという人間の必須条件も、今は顧みられることもなくて、かえって逆にいむべくきらうべき出来事であるかのように、忌日の実質は失われています。なまけは怠慢と熟字されて慢も怠の中へ包みこまれたようですが、慢は独立したあなどりがたい煩悩です。

慢は、貪・瞋・痴・慢・疑・悪見と列んで、六大煩悩の一つに数えられる重さをもつのです。自己が優《すぐ》れていると誤りたのんで、常に他を意識して高あがりしてよく見せようとするのです。たのむべからざる妄執《もうしゅう》の自己をたのんでいるのですから、つねに変わらないしっかりした本当の自己は見えていないのですが、それが自身には分からないのです。自信らしくみえていても思いがとげられないとふらふらするのは、自信ではなくて慢心であった証拠です。我執《がしゅう》の障《さわ》りは直感しやすいのですが、法を認めたつもりではいても、その法執《ほうしゅう》の障りは容易に感知の及ばないものです。信心は、我如来と共にありとの知見をもちますから、はからざることながら強度の憍慢がうごめくのです。慢の根深さに驚きます。悦《よろこ》んで下がったはずの頭が、この下がった姿を見てくれと頭を上げていることに気づかぬのです。聞いて聞いて、信心は磨き続けねばなりません。

4

転輪皇《てんりんおう》の王子の
皇《おう》につみをうるゆへに
金鎖《こんさ》をもちてつなぎつつ
牢獄にいるがごとくにて(なり)

第三行には「王の子なればとて黄金の鎖にて繋《つな》がんと譬えたり」と、第四行には「自力の念仏者を、王の子の罪深くして獄にいましむるに譬うるなり」との左訓を見ます。転輪皇即ち転輪聖《じょう》皇《おう》は、即位のとき天より輪宝を感得しその輪宝を転じて世界を統一するといいます。

転輪皇の王子が、皇に背《そむ》いた罪によって、黄金の鎖でつながれて牢獄に閉じこめられているように、自力の念仏者は七宝の宮室のように華麗には見えるけれども、自らを閉じこめて一歩も外へ出られなくなるのです。

5　自力称名《じりきしょうみょう》の人はみな
　如来の本願信ぜねば
　うたがひのつみのふかきゆへ
　七宝《しっぽう》の獄にぞいましむる

他力称名とは言いませんが自力称名とはよく用いられます。念仏らしく見えながら、その念仏を自分の善根《ぜんごん》とする思いが離れませんので、念仏に励《はげ》みながら念仏になっていないのです。それは如来の本願を信じないから、念仏が自力になるのです。自力の念仏は本来ないものですが、本願の方から照らし出されるのです。本願が称名となって廻向されていることが読めないのが自力です。自分そのものが破れていないから、他力への疑念の罪深くして、七宝の牢獄たる疑城胎宮《ぎじょうたいぐ》へ自分を閉じこめてしまいます。

6　仏智の不思議をうたがひて
　善本徳本《ぜんぽんとくほん》たのむ人（ひと）

辺地《へんじ》解慢《けまん》にむまるれば
大慈大悲はえざりけり

仏智の不可思議性を感受するに力及ばず、思いはかりを超えているからそれを疑って、仏智をたのまないで、自分の配慮に合格したわが力で称える名号、それは善の根本であり功徳をそなえてはいるのだが、それを自力化してたよりとしてたのむ人は、浄土といっても辺地解慢のような仮の浄土に生まれるほかないので、閉じた殻の中でわれひとりをよしとするばかりで、如来から大慈大悲心を廻向された、ひろびろとした大心海・本願海に自在に遊ぶことができません。自力の執心《しゅうしん》が残るならば百万億土を過ぎても仏に遇《あ》えません。仏に遇って大慈大悲を廻向されるならば、小慈小悲もなきわが身を真に悲しむことができます。ここに不懈不慢があります。

7

本願疑惑の行者には
含華《がんけ》(花)未出《みしゅつ》の人(ひと)もあり
或生辺地《わくしょうへんじ》ときらひつつ
或堕宮胎《わくだくたい》とすてらるる

第二行には「華に含まるるなり」と、第三行には「或は辺地に生まるるという」と、第四行には「或は宮胎におつという」との左訓を見ます。

本願を疑いつつ念仏する行者の中には、たとえば華の中に含まれ包まれているように、閉鎖の中から一歩も出られない人もいます。あるいは辺地にしか生まれないよときらわれ、あるいは胎宮におちるような憂き目を見ることになります。

8　如来の諸智を疑惑して
　信ぜずながらなほ《（を）》もまた
　罪福ふかく信ぜしめ
　善本修習《ぜんぽんしゅじゅう》すぐれたり

如来のもろもろの智慧を内に包んだ阿弥陀仏の智慧を疑って、どうしても信ずることができないのに、奇妙なことに悪果を招かないように悪因をつつしみ、善果を求めて善因を積むような、罪を消し福を招くという罪福の信はかえって強く保持して、自力称名念仏を一生懸命励むのです。

9　仏智を疑惑するゆへに
　胎生《たいしょう》のものは智慧もなし
　胎宮《たいぐう》にかならずむまるるを
　牢獄にいるとたとえ《（へ）》たり

仏智を疑うことによって、仏智の近くまで至りながら宮胎の中に生まれたように暗く閉じられますが、それは如来の智慧に明るく照らされることがない証拠です。疑う人は必ず小さな袋の中に自らを閉じこめたようになることを、それは譬《たと》えれば最もいとうべき牢獄に入れられたようなことになります。

10　七宝の宮殿《くうでん》にむまれては
五百歳のとしをへて
三宝《さんぼう》を見聞《けんもん》せざるゆへ
有情利益《うじょうりやく》はさらになし

七宝で飾られた宮殿に生まれたのだと観じているのは、胎生者自身の眼であって、本当の浄土からは蓮華に包まれて母胎にいることがよく見えるのです。そこでは五百歳の長い間も空しく過ぎて、三宝を見たり聞いたりできませんので、衆生救済に立ちあがる力が湧かないのです。自分が真に利益されたならば、その証拠に他の救済に立ちあがるのです。他の利益のために立ちあがってこそ、わが身の救済のあかしとなるのです。救われたことは救う力の証明です。

わが身のたすかることばかりに甘えていた人がもしあるならば「有情利益はさらになし」をかみしめねばなりません。自力には有情利益がないという事実は、仏法は全面他力であることを反顕します。

11　辺地《へんじ》七宝《しっぽう》の宮殿《くでん》に

五百歳までいでずして
みづから過咎《かく》をなさしめて
もろもろの厄《やく》をうくるなり

辺地であるところの七宝の宮殿に、みずから知らずして五百歳もの間むなしく時を過し、自分自身が仏智を疑う罪過（つみとが）を招きよせて、さまざまなもろさや、あやうさを露呈することになります。

第四行の「厄」につきましては、当然のように災厄と受け取ってしまうのですが、左訓の「もろく、あやうきなり」を見ますと、起こって来る事態に対処することができず、有情利益という立つべきところに立っていないあやうさだと知られてきます。厄難と解しますと罪福の信をあぶりだすのに少しややこしくなります。厄除けとか厄年などのこしらえは、妄念妄想の所産として愚かにも恥ずべき慣習に過ぎません。

12

罪福ふかく信じつつ
善本修習《ぜんぽんしゅじゅう》する人《ひと》は
疑心の善人なるゆへに
方便化土《ほうべんけど》にとまるなり

罪を消し福を招く機能を深く信ずる人は、善の根本であり総括であるところの念仏を、自らを励まして努力して称えるのでありますが、たすけを求めながら自己に絶望せず自らを信じる思いが強いですから、本願をたのむことができません。それは自分が善人であるとの思いがすてられないのです。自分はすてたものでないとの善人性が、真実の浄土を見せしめず、仮の浄土、自力の善根の連続性の浄土にとどまってしまうのです。

13　弥陀の本願信ぜねば
疑惑を帯《たい》してむまれつつ
華はすなわちひらけねば
胎《たい》に処《しょ》するにたとえたり

『観疏経』定善義に「疑惑を帯《お》びて生ずるならば華は未だ発《ひら》けず、合掌籠籠《ろうろう》として胎に処する（は）に喩《たと》う（へ）」とあるところそのままのようです。

疑いの心をいだいたままであるならば、生まれたといっても仮の浄土であって、華の中にすっぽりと包まれて華が開くということがないから、母の胎内にいることにたとえられます。このようなことがおこるのは、弥陀の本願にまかせきっていないからです。

14　ときに慈氏《じし》菩薩《ぼさつ》の
世尊にまふしたまひけり

何因何縁《がいんがえん》いかなれば
胎生化生《たいしょうけしょう》となづけたる

『大経』の会座《えざ》にあって、慈氏菩薩（弥勒《みろく》菩薩のことであるが、どうしてこの様に二通りに表現されるのか分からない）が世尊に尋ねられました。どのような因縁（わけがら）があって、胎宮のような所に生まれる胎生と、ただちに真実の浄土へ華開いて生まれる化生と、二様の名がついたのでありましょうか。

因縁とは、一つの果を生ずるのに動力因と資糧縁のことです。どれだけの縁が作用し合うのかは、はっきりはできません。世間語として因縁が悪いなど言うのは、無明の晴れぬまま現在与えられた自己の境遇が納得できず、暗いむら雲をかきまわしてつらい気持を現わすのです。因縁を明らかに観た人の構造解明が、惜しくもこのように変質していくのです。

15 如来慈氏にのたまはく
疑惑の心をもちながら
善本修《ぜんぽんしゅ》するをたのみにて
胎生辺地《たいしょうへんじ》にとどまれり

慈氏菩薩が、どうして胎生と化生との区別を説かれたのですかと尋ねましたので、釈尊がお答えになりますには、南无阿弥陀仏が本願の廻向表現であることを納得できず、うたがいの心をもったままで自分の力を温存して念仏を称えているから念仏が念仏にならず、仏智を疑惑するがゆえに、胎生やら辺地やらに閉じこめてしまうのです。人間の心は疑惑ですが、この人間に死なければ本願に生きることはできません。助かるために必要でない疑惑がわたしを全領して捨てしめないのです。この疑惑の罪過についての本願御自身の苦心がしのばれようというものです。

16　仏智疑惑の罪ゆへに
　　五百歳まで牢獄に
　　かたくいましめおはします
　　これを胎生とときたまふ

我執《がしゅう》の自己が破られていないので、念仏してももとの自己の声であって、根底においては知らないまま仏智を疑う罪をおかしているから、七宝の牢獄にかたくいましめ閉じられて、命五百歳の間も自在であることができないので、こういう形を胎生と名づけると如来はお説きになっておりります。

胎生のひとには宮殿に見えるのですけれども、真実の浄土に化生したひとからは七宝の牢獄に見えるのです。

17　仏智の不思議をうたがひて

罪福信ずる有情《うじょう》は
宮殿《くでん》にかならずむまるれば
胎生のものとときたまふ

不可称不可説不可思議の大悲仏智は、分別心からは思議が及ばないので、つい疑うよりほかなくなってしまいますが、それに反して罪をはらい福を求める心情は、分別の手の伸びよい方向にあるので、その方向に傾《かたむ》くことは容易なのです。その結果として七宝の宮殿に生まれて、あたかも繭《まゆ》の中にこもったように、自在に開放せしめる信仰の中にあってかえって、信仰という枠に閉じられてしまいますので、これを胎生であると説かれます。

仏智の不思議にうなずけたひとから見て、それに眼を開かないひとを痛み、何度同じことを繰り返してもなお足りないものを感ぜられたのでありましょうか。

18

自力の心をむねとして
不思議の仏智をたのまねば
胎宮《たいく》にむまれて五百歳
三宝の慈悲にはなれたり

思いはかりを超えて及ばない仏智をたのむことができないで、かえってたのみ甲斐《がい》もないわたしにそなわった力、それは有限相対で力量の知れたもろい力なのだが、その自力中心によりかかってしまうので、母の子袋のような窮屈な宮殿に生まれて五百歳もの間もむなしく過ぎてしまうのです。そこは仏法僧三宝としてゆたかに光被する大慈悲心の及ばないところです。

自力が一点でもあるならば仏法に背《そむ》きます。仏心は他力です。真に他力といえるものは本願だけです。自力は妄執《もうしゅう》であり我執《がしゅう》であると知らせるものが他力です。他力がなければ人間は本当に成り立ちません。他力にめざめたときに砕けたわが身の上に、仏智が円融無碍《えんゆうむげ》にはたらくのです。

19　仏智の不思議を疑惑して
　罪福信じ善本を
　修して浄土をねがふおば（を）
　胎生といふとときたまふ

思議を超えたとうとい仏智を疑って、宗教心ではないのだがそれらしく見える罪福の信をもって、如来の名号をおのれより出た善根と思い誤り、それを称えて浄土に生まれたいと願うのであるから、如来の開かれた浄土よりははるかに遠く、これを胎生と名づけるとお説きになります。

『唯信鈔文意』の

雑行雑修して定機・散機の人、他力の信心かけたるゆへに、多生曠劫をへて他力の一心をえてのちに生まるべきゆへにすなわち生まれずといふなり。もし胎生辺地に生まれても五百歳をへ、あるいは億千万衆の中に、ときにまれに一人、真の報土にはすすむとみえたり。

との一節を読み合わせて、浄土を願う人にその浄土はなにかと問わねばなりません。

20 仏智うたがふつみふかし
この心おもひしるならば
くゆるこころをむねとして
仏智の不思議をたのむべし

仏智を疑う罪というものは、鈍感な者にとって感受できないものなのだが、その罪の深さははかり知れないものなのです。この疑惑の罪過をよく思い知ったならば、大変な過ちを犯していたのであったとの廻《え》心《しん》懺《さん》悔《げ》の心を大切にして、不思議の仏智をたのまねばなりません。

「くゆる」には後悔と懺悔とがあるわけで、我執の立場からいまいましい思いをするのが後悔です。どうしてみようもなく我が破けているのが懺悔です。しかしもしこの懺悔を自らなしえたと思うならば、そこに我執が残ります。だからこの「くゆる」は懺悔できないという懺悔だといえば当るようです。自ら無《む》慚《ざん》無《む》愧《き》だというのが、最も慚愧の心を体とするのと同調です。

21 信心の人《(ひと)》におとらじと
疑心自力の行者も
如来大悲の恩をしり

称名念仏はげむべし

如来の本願を疑って自力にてはげむ念仏行者であっても、それはまことの信心に住する人びとからは除外しおとしめるということをしないで、如来はそこまで手をのばし果遂《かすい》の誓《ちかい》をたてて方便引入《いんにゅう》せしめられた、そのかたじけない大悲の恩を感じ取った者にとっては、み名をたたえて称名念仏にふるいたつほかありません。

「おとらじと」とは珍らしい言葉であり内容です。劣等感を抱いてしょげこんではいけないとのはげましです。三願転入《さんがんてんにゅう》の論理からみて、「疑心自力の行者」に対するあわれみです。大悲の声を聞けとの呼びかけです。

22

自力諸善《じりきしょぜん》の人《ひと》はみな
仏智の不思議をうたがへば
自業自得《じごうじとく》の道理にて
七宝《しっぽう》の獄《ごく》にぞいりにける

息慮凝心《そくりょぎょうしん》の定善人《じょうぜんにん》も廃悪修善《はいあくしゅぜん》の散善人《さんぜんにん》も、それらはみな人間の努力を信じているので、不思議の仏智を信じることができないのです。自業自得、自法自受、自分のつくったなしわざは必然的に自分が受けねばならぬ道理があるのだから、自力で諸善を励む人は、七宝の牢獄に閉じられることになります。七宝とて豪華のようにみえますけれども、実に金縛《かなしば》りの不自在なのです。

自業自得はきびしいことでありますが、まさに自作《じさ》であって他作《たさ》の関係ではありません。無限大の他作の中に生きるのですから他作と自受との関係は複雑に結ばれます。不合理な他作なるものを恰《あたか》も自作自受なるかのように強《し》いられることは酷薄《こくはく》です。ただし今の讃歌は往生の業因の問題に限定されています。

自業自得は自縄自縛《じじょうじばく》ということで、自分の縄で自分をしばってしまう。しばるものなくして自分がしばられているのです。自力の自も同じことで自には我執がよりそっていますから、自の求めたものはどこまでも自に釘付《くぎつ》けにします。自業というのは今現在の業であって、過去世《かこせ》の業に責《せ》められるというのではありません。自業を破って新しい自己に目覚めるのは他力を待たねばなりません。他といっても自が外に見た他というような、自と同列の他ではありません。そのような他は他人というような冷ややかな感情です。いまだ夢にも見なかったような威厳無比《いげんむひ》なる他力性こそ、宗教心としてわが身に臨在するものです。

己上疑惑罪過二十二首

仏智うたがふつみとがのふかきことをあらはせり。これを辺地・懈慢・胎生なんどといふなり。

このような添え書きが見えます。

愚禿悲歎述懐

1

浄土真宗《じょうどしんしゅう》に帰《き》すれども
真実《しんじつ》の心《しん》はありがたし
虚仮不実《こけふじつ》のこのみ《（わが身）》にて
清浄《しょうじょう》の心《しん》もさらになし

「浄土真宗」というのは、聖人の一番好きな言葉といいますか、自らの救いを「浄土真宗」と言われたのです。『教行証文類』の一番はじめに、「大無量寿経」とお書きになって、そしてその下に「真実の教　浄土真宗」という見出しがあります。「浄土真宗」という言葉につきましては、これに関連して、和讃のなかでは、「本願真宗」「真宗念仏」と、こういうお言葉がでております。法然上人は浄土宗をお開きになった。法然上人の大事なところは浄土宗の独立ということです。念仏を本流においたということです。念仏そのものが仏道であって、念仏をはなれたならば仏道はないし、おさとりの世界というものもない。仏道は念仏道である。こういうかたちで念仏独立の旗というものをかかげられた。これが浄土宗です。聖人のお手紙のなかにも、「浄土宗」という言葉はたくさんでております。「浄土宗」といったら法然上人の教えです。「念仏して浄土に生まれる」という教えです。そのわが師法然上人は浄土宗というものをおたてになりましたが、その浄土宗は真実の教えであります。だから浄土と宗の間に真の字を入れられた。浄土宗をはなれて真実は生きない。真実というのは如来ということです。浄土宗のほかに如来はおいでにならない、こういう仰ぎ方です。

「浄土真宗に帰す」とは、「浄土真宗に帰依《きえ》いたします」、「浄土真宗によってたすかりました」ということです。浄土真宗のために身を粉《こ》にし骨を砕《くだ》くことのできる私となりました。ところがここに「浄土真宗に帰すれども」と。この「ども」については、「私は浄土真宗に帰したことによりまして、思いがけない暗部が見えてまいりました」と、これだけの言葉を加える必要があるのです。浄土真宗に帰依したならば、真実の教えに身を投げかけたならば、如来が私のなかで自らを行じていただく。如来の真実が私の身体から溢《あふ》れ出る。そうすれば私は真実のものがらになる。これは私どもの思いたいところです。またそういえば非常に話がはっきりするんだと思います。今日からは真実の教えに帰依した。如来の真実をわが身にいただいた。こういうのが一般の解《わか》りいい宗教でないでしょうか。ところがです、真実に帰依した、その帰依した真実の宗教によって照らされてみれば、私に一点の真実もないことが見えたのです。

二行目の「真実の心はありがたし」、この「心」というのはわが心です。「ありがたし」というのは「あることがない」。これは勿体《もったい》ないとか有難いの意味の「ありがたし」でない。真実の教えに帰依しつつ、しかも私には真実の心がないと知らされたというのです。こういうことをよくも詠いあげて下さったものだと思います。

「一点のまことの心も私にはなかったのでありました」と。それをもう一つ強めて、つぎに「虚仮不実《こけふじつ》のこの身にて　清浄の心もさらになし」。「虚仮不実」、日本人の宗教感覚として浸《し》みている、聖徳太子の「世間虚仮《せけんこけ》　唯仏是真《ゆいぶつぜしん》」という尊い言葉があります。ここに「虚仮」という文字がありますけれども、ただ今は「虚仮不実のこの身にて」。ここに心ではなくして身とあります。それから「不実」ですけれども、自分の不実というようなものは気づかないのです。相手の不実に気づいたときには相手を責める、相手を悪ものとする、これが私どもの不実ということです。人を不実とみる。ところが、如来は不実なものを実にしてあげようとする。如来は真実だというのは、こういうはたらきがあるからなのです。そういうはたらきに照らされますと、私どもが自分の交わる他人を不実とみるというようなことのさもしさ・貧しさ、根底的な私の過《あやま》ちというものが見えてくるのです。

「虚仮不実のこの身にて　清浄の心もさらになし」。如来というのは清浄にして真実なるものである。その清浄真実なるものが、私にはたらくとき、私の不実であり煩悩に汚れていることが、はっきりと如来の鏡の前で大写しになりますので、悲しいことだとお詠いになったのです。簡単に申しますと、「浄土真宗に帰依したおかげで、私に真実の心がなかったのだということが、知らされてまいりました」と。真にわれを見る目をいただいたわけです。信じたいという出来事が自己偽瞞《じこぎまん》におちいる危険を蔵しているので、どこまでもそれに眼をつぶらせないのであります。

ここに述べられておることはやや抽象的に聞こえるかも知れませんが、これが第二首第三首とすすんでまいりますと、聖人が何を言おうとしていられるのかがはっきりしてまいります。つぎの「賢善精進」というような言葉をうかがってまいりますと、この一首のお心というものが、非常にはっきりわかってまいるのであります。

2 外儀《げぎ》のすがたはひとごとに
　賢善精進現《げんぜんしょうじん》ぜしむ
　貪瞋邪偽《とんじんじゃぎ》おほきゆえ
　奸詐《かんさ》ももはし身にみてり

ここのところは、善導の「散善義」のまま、それを充分こなしきって、自分のものとして、お詠いになっておるところであります。「散善義」というのは、『観無量寿経』の散善について述べられてあるところに、善導ご自身のお考えを充分述べられたものが「散善義」であります。そこに徹底して、人間の考え方、自力心というものが捨て難いものだということを、えぐるようなかたちで、述べられます。

「外儀のすがたはひとごとに」、私ども仏法を聞く以外の生活の場では、自分というようなものは忘れ、わざわざ忘れるのでなくて自然に忘れ、そして私らの目というのは人に向かってはたらいております。自分の隣りの人、世のなか全体を眺めております。ところが、こと宗教に関《かか》わってまいりますと、そういう外を向いておる目を自分の内に向けてくる。私の生きておる意味を問う。自己存立《そんりつ》の意味を自分に問いかける。宗教問題というのは、自己存立の意味を問うという、ここへかえることです。そういう、聖人自ら浄土真宗に帰依しつつ、本願を信じつつ、しかも私のこの恥ずかしい心のありさまというものは、何と悲しいことだろうと、こういう調子で詠いだされます。

「ひとごとに」というのは、私の問題は同時に誰人にも生起する出来事だと、こういうところです。私どもは、私自身の問題だときくと私に執らえられてしまう、世のなか全体だというと自己を忘れてしまう。「外儀《げぎ》」というのは私どもの生活のすがた、外の飾りです。外にあらわれたすがたによってお互い交わっているのです。

「外儀のすがたはひとごとに　賢善精進現ぜしむ」、これは聖人のお考えの中心でありまして、賢人・善人・精進なる人、この三つが何時も一緒にでてきます。「われらは善き人にも非ず、賢き人にも非ず、精進なる心もなし」。「われら」というのは、これは仏のおん目から見られている「われら」、こういう受け止め方でなかろうかと思います。私の一番大事な心の叫びというものは、「われらは善き人にも非ず、賢き人にも非ず」。これが本当の声です。だからこれは聖人が別に皮肉を言っていられるのでない、私どもに水をさしていられるのでもない。これは浄土真宗に頭の下がった聖人の本心の叫びです。ところが目を外に向けてみると、「どうして人ごとに、賢き人であるような、善き人であるような、精進なさっているようなお姿を、外儀、外の装いとするのであるか」と、こういうのです。だからただ今の和讃というものは、徹底して、まず自己批判に立つというものです。自己批判といいましても、自分で自分というものは批判できない。私どもは自己を省みるとか、自己を観るとかいいますけれども、見る力が自力で見ておりますから、自分に都合よく見えるだけです。ただ今私が自己批判といいましたのは、自己を俎《まないた》にのせるのです。その自己批判の返す刀で社会批判をやる。だから愚禿の悲しみというのは、まず自分を悲しんで同時に世を悲しんでいく。悲しんでいるのですから責めているのではありません。「大悲は大非」といわれるゆえんです。如来の一番大事なお心は悲しみです。人間が一番大事なことを見失っている、一大事に目を閉じている、一大事を聞こうとしない。だから如来が衆生を思われるときには悲しみです。その如来の悲しみは、私にとっては非、否定です。

「貪瞋邪偽」、これは善導の言葉のままです。普通、貪瞋痴《とんじんち》といわれます、煩悩の代表です。ただ今は「貪瞋邪偽」と。「貪」はむさぼり、「瞋」は腹立ち、「邪」はよこしま、「偽」はいつわりです。こういうものが私たちの内面には満ち溢れている。つぎの行、「奸詐」、「奸」というのは、わるがしこい。人間は智慧がほしいんですけれども、人間が智慧をもちますと、わるがしこくなりやすい。それから「詐」というのはいつわりだますという意味。「ももはし」というのは「百端」、多いという意味です。「奸詐ももはし身にみてり」、心でなく身というところが聖人の特色です。私らは漠然と、宗教というのは心の問題だといいます。それは心の問題に違いないのですけれども、聖人の仏法は自分の心をかえる話ではないのです。自分の心は決して私の味方ではなくして、私を振り廻します。その点身体というのは正直です。聖人は「身」をもって受けられます。仏のお心は私の心を相手にせずに、正直な身体に、お前の身体にわたしをはたらかせてほしいと、私の身にひびいてまいりますのが、如来の大悲心であります。

3

悪性《あくしょう》さらにやめがたし
こころは蛇蝎《じゃかつ》のごとくなり
修善《しゅぜん》も雑毒《ぞうどく》なるゆえに
虚仮《こけ》の行とぞなづけたる

これも善導の言葉のつづくところです。「悪性さらにやめがたし」、こういうのは浄土真宗ということをはなれましたら、如来の大悲心ということをはなれましたら、存在の場を失うのです。「悪性さらにやめがたし」、どうにかすれば止められるというような悪性ではない。よく導くならば、あるいは心がけ次第でなおしていけるというのではない。「こころは蛇喝のごとくなり」、「蛇」は「毒蛇《どくじゃ》」、「蝎」は「さそり」、猛毒をもっておるものです。先の貪瞋痴《とんじんち》は、三毒《さんどく》の煩悩といいますから、自らがふき出した煩悩が毒をさすわけです。毒蛇・さそりほどの悪性が、私の内面にとぐろを巻いておるというのです。そうでありながら私らの日常生活というのは善人の振《ふる》舞《ま》いをやっているわけです。世のなかの法則に背《そむ》くようなことはやっていない。それで世のなかの秩序が保たれている。ところが宗教的にみますと、その善を行なっておるそのなかに毒が雑《まじ》っておる。この修善も雑毒《ぞうどく》であると聞いて、真宗からはなれていかれる方もあるわけです。

「修善も雑毒なるゆえに　虚仮の行とぞなづけたる」。私どもは他人の役に立つことをやっておれば、何時《いつ》しか自分にかえってくると思いたい。これは罪福心です。そのよいことが尊いことだからやらずにおれないというのでなく、やったことが私によい結果をもってきてくれるからと、それをてだてにつかっているのです。「虚仮」ということは真実に背いておるものなのです。虚仮はあるようにみえるけれども、真実に照らされると消えていく。私らの心がける善というようなものは、どれだけ自分に積み上げましても、満ち足りたというようにいかない、積んでも積んでもむなしさが残る。そういうのを「虚仮の行」といいます。

4
无慚无愧《むざんむき》のこのみ(身)にて
まことのこころはなけれども
弥陀の廻向《えこう》の御名《みな》なれば
功徳《くどく》は十方《じっぽう》にみちたまふ

「無慚無愧」、これは聖人の大事なお言葉です。慚愧《ざんぎ》と懺悔《さんげ》、初めにこの二つのちがいをみておきたいと思います。懺悔は人に向かうのではなくて仏に向かう。仏前にわが犯したる罪を懺悔したてまつるのです。慚愧の方は内心に向かう。慚愧について詳しいのは『涅槃経』です。一番簡単なのは、人間と畜生《ちくしょう》を区別する言葉です。「慚愧なきを畜生と名づく」というのです。阿闍世《あじゃせ》王が親殺しの大罪を犯して後に、慚愧の心がでてくる。こういうところ非常に大事なところです。あの耆婆が阿闍世のこころの動きをよくとらえて、あなたは今まで自分の罪を認めまいとしてきた、ところがあなたは今や、慚愧の心がおこってきた、それが大きな転換点になります、貴重なことです。こういって阿闍世を大きく抱き込んでいく。そういうところにでてきます。

それから「懺悔」につきまして、これは「高僧和讃」の善導のところにでております。「三品の懺悔するひとと　ひとしと宗師はのたまへり」。「三品」というのは上・中・下の三品という、人間の種類です。それぞれ三様の懺悔の内容を異にするが、ご信心をいただいた人は、懺悔のことをわざわざいわなくても具《そな》わっているのだと、こういう言い方です。それで善導のところで善導の「懺悔」という言葉をお使いになりましたが、それ以外に聖人は「懺悔」という言葉をとりたてて申されません。この「懺悔」というのは、我の混らないもの、「後悔」というのは、これは我執《がしゅう》の仕事です。「懺悔」とは「我の砕けたすがた」です。それで聖人は懺悔ということはわれらにはできない、と見抜いていられたようです。だから懺悔するとも懺悔せよとも言われない。だから「懺悔せよといわれても懺悔のできない私だ」という言外のおこころをくめば、深い懺悔をそこに感じます。

聖人は普通の宗教家のいわれる「懺悔」ということを、殆《ほと》ど口にしておいでにならないということです。そうでありながら「慚愧」については、自分を「無慚無愧」の身だと語っておられる。慚じねばならぬことを慚じずにおるような身だというのです。善人の姿をながめて私は悪人だと慚じ、賢い人の姿をながめて、何と私は愚かであろうかと自らを愧じると、こういう言葉です。いろいろな意味がありますけれども、「慚」というのは、自分と教えに対して背いている、本ものになっていない。それに対して「愧」、これは世の中に対して恥ずかしいと愧じることです。『涅槃経』には「慚愧あるが故に、父母・兄弟・姉妹であることを説く」。もし慚愧ということがなかったら、父母というようなことは言い得ないというのです。人間の一番大事な関係をして関係たらしめるものは慚愧であると、こういう言葉です。しかもこの言葉をうけて無慚無愧のこの身のうえに「弥陀の廻向の御名なれば」弥陀のご廻向、南无阿弥陀仏を廻向して下さったればこそ「功徳は十方にみちたまふ」、この蛇蝎奸詐《じゃかつかんさ》、無慚無愧の私を貫《つらぬ》いて、骨髄《こつずい》に徹《とお》って、その光が十方に満《み》ち溢《あふ》れて下さる。この弥陀の廻向の御名というものの光をこうむらないものは一人もないのであるからして、悲喜こもごもに至るのであります。

5

小慈小悲《しょうじしょうひ》もなきみ《(身)》にて
有情利益《うじょうりやく》はおもふべき《(まじ)》
如来《にょらい》の願船《がんせん》いまさずば
苦海《くかい》をいかでかわたるべき

この二行目、顕智上人のお写しになりました方は、「有情利益はおもふべき」、こうなっております。こういうところに、前のを思い浮べながらまた新しくおつくりになっていくような、どちらがいいというのではなく、いささかの言葉の変化がみられますこと、これが和讃に深い執心をもたれた証左であるとうかがいます。

「小慈小悲もなき身」これは、如来のおこころである大慈大悲心と対応します。曇鸞和讃の第二十二首に、「尽十方無碍光仏の　大慈大悲の願海に」とでております。その「大慈大悲の願海」と、ただ今の「小慈小悲もなき身」についてです。大慈大悲ほど尊いものはない、それは如来のものである。私においては、大慈大悲どころか慈悲の片はしもありようがない。私どもが仏の教えを聞きますまでは、そういう私には慈悲の片はしもないというような考えは、自分からはでてこないのです。この「小慈小悲もなき身」というようなお言葉がでてきますのは、聖人が仏心に触れて、仏のお心が自分にまで届いて下さって、そこにはじめてわが身というものに目覚めてくる。「小慈小悲もないわが身である」ということ、これは逃《のが》れようがないということになりますと、生きるに耐《た》えられない問題です。ところがこれを詠いあげることができておるというのは、すでに聖人に大慈大悲が動いてきておる、大慈大悲に包まれておる、こういう喜び、こういう確かさがあるのです。だから「大慈大悲の願海」に帰入したということが、同時に「小慈小悲もなき身」であるという、こういう悲しみとなって、ふき上げてくるのです。

「有情利益はおもふべき」というのは、「人を助けることが、どうして思えるでありましょうか」というのです。「有情利益ということには、力が及びません」と。人のことはどうだっていいというのではないのです。助けようとして、如何に力を尽くそうと思いましても、慈悲心のない私に、どうして人を助ける力がおこってきましょうか。人間の為すべきことは人を助けるところにある、有情を助けるのが人間に与えられた使命だ、それが私にはできないのです。

こういう苦悩のただ中に立って、「如来の願船いまさずば」、こういう「小慈小悲もない私に、如来の願船がありました」と。「如来の願船」というのが「大慈大悲の願船」です。そのおかげをもって、苦海をわたることができるのです。「苦海」というのは、迷いの衆生の生きておるところ、生死をはなれ得ない苦悩のものが生きておるところ、その「苦海」を、もし本願の船がなかりせば、どうしてこちらの岸から向こうの岸へ渡っていくことができましょうか。「できましょうか」というのは、これはできた喜びです。如来の願船は私の足元まで着いておる、ただ私が乗るか乗らないかだ。小慈小悲もない私はそれに乗るよりほかに道はない。その願船に乗りこむことによって、小慈小悲もなき身であるけれども、大慈大悲の願いをこの身一杯に受けとめて、生死の苦海を向こうへ渡ると同時に、またこちらへ還り来る。「ほとけとなりて有情をたすける」ということです。助けられていく旅が、また有情をたすける旅である。こういう生きたおこころが、うたいあげられているのです。こうなりますと、悲歎述懐といって、悲しいことだといって悲しみにひたっておられるというよりも、もう時間も乗りこえ、私どもが考える娑婆《しゃば》とか浄土とか、そういう空間的なものまで乗りこえておいでになります。

自力《じりき》の（ナシ）修善《しゆぜん》はかなふまじ
如来の廻向《えこう》をたのまでは
無慚無愧《むざんむき》にてはてぞせむ（ん）

第四首に「弥陀の廻向」とありましたが、ここでは「如来の廻向」。それから「蛇蝎」というのは第三首にでております。それから「無慚無愧」は第四首にでております。こういうお言葉が、聖人のなかに動いておるわけです。

「蛇蝎」というのは、毒性があるということです。如来の純なるお心に照らされてみると、私が毒性である。こういうのは聖人によって詠いあげられなければ、「蛇蝎」というようなのは人のことであって、「私の心は蛇蝎である」というようなことは思いません。自力はここから生まれるわけです。「奸詐」、これも第二首にでております。「奸」というのは「わる賢い」。「詐」というのは「だます」。それで「蛇蝎奸詐のこころにて　自力の修善はかなふまじ」。「自力」というのは「人間の努力」ということです。だから「人間の努力をもって、どれほど善にはげみましても、毒性が具わっておりますから、その善が成就するということはありません」と。聖人は善を否定なさるというのではない、善というのは人間の思いの中心ですから。ところが私らの身は毒性でありますので、善を為して善がいい結果を引き出して下さるように運ぶことができない。

如来の廻向をもしたのまないならば、無慚無愧にてはてるが、如来のお力によって、無慚無愧ならざる私にかえていただくと、そういう喜びを反語として語っていられるわけであります。

「たのまなければ」というのはたのんでいられるからです。「若不生者不取正覚」、「もし生まれなければ」というのは、往生できる身をおさえているのです。「無慚無愧にてはてぞせん」、「無慚無愧」のままということは、これは許すことのできないものなのです。聖人のお言葉に、法然上人にめぐりあうことができて、上人のお作りになった『選択本願念仏集』を写すことをお許しいただいた、また上人の肖像を写すことをお許しいただいたと、そういうことをお述べになりましたときに、「悲喜の涙おさえて」という表現をなさいます。「悲喜の涙」、悲しみの頂点というものが最高の喜びと手をつなぎ合う。法然上人をとおして阿弥陀如来に遇いたてまつった、その喜びというものと、わが身がこういう乱世、末法五濁《まっぽうごじょく》の世にしか生まれ得ない業《ごう》の身であり、そしてまことに鈍根《どんこん》の身である。そういう悲しみの極《きわ》みにおいて、喜びにあうことができた。身の悲しみが、同時に本願に遇《あ》いたてまつるという最高の喜びとなる。その「悲喜の涙」と「悲歎述懐」、ただ「悲しみ歎く」と言われますけれども、「如来の願船」「如来の廻向」によって全く逆対応的に、堕《お》ちるものなるゆえにこそ助けずにおれないという、全く相反した力が、ここに火花を散らして、一つの世界が生み出されておるのです。聖人のご信心の、最高の火花の散っておるようなすがたを、ただ今の和讃にいただくわけです。

7　五濁増《ごじょくぞう》のしるしには
　　このよ（世）の道俗《どうぞく》ことごとく

外儀《げぎ》は仏教のすがたにて
内心外道《げどう》を帰敬《ききょう》せり

「五濁」というのは五つの濁《にご》り、劫濁《こうじょく》・見濁《けん》・煩悩濁《ぼうのう》・衆生濁《しゅじょう》・命濁《みょう》。釈迦から時がはなれると、さまざまの濁りが人間世界を包んでしまう。聖人は深くそう思っていられた。その「五濁」がまさる、だんだん盛りになる。『阿弥陀経』にも五濁ということが述べられている。それが今現に私の生きておる世にでてきている、その証拠がある。「この世の道俗ことごとく」、「道」は仏道にある人、仏道を志す人、出家者です。菩提心《ぼだいしん》に目をさました人が「道」です。「俗」というのは、強い人が勝って、賢い人が威張《いば》って、それが世の中だと、これが「俗」です。「道」と「俗」とは心のおき方が違っているわけです。ところが「この世の道俗ことごとく」ですから、「道も俗もみな」、「外儀は仏教のすがたにて」。「外儀」というのは、外のすがたかたち、道にある人は衣を着ている、俗にありつつ仏さまに心を寄せる人は念珠《ねんじゅ》をもって仏壇をあがめています。「外のかたちは、さも仏教のすがたを真似しているけれども」、そこに外儀と内心というものが相対するわけです。「内心外道を帰敬せり」。「帰敬」というのは、そこに心の敬い場所をもつということです。「外道」というのは、仏の外にある教えということです。

私は子どもの時分から、外道というと非常にわるい、何か邪道《じゃどう》というふうな、仏教に敵対するもの、こういう感覚で「外道」という文字を読んでいたのですが、それは行き過ぎでした。内道・外道、内典《ないてん》・外典《げてん》などの言い方は感情のまじらないものです。内典といったら釈迦仏のお説きになったことを書いてあるもの、外典は孔子などの説いたものを指すのです。だから「外道」というのは、わるくいったのではないのですけれども、聖人の腹の底には、外道では人間の内面の救済には役立たないと、こういう信心があるのです。外道といえば六師外道《ろくしげどう》とか九十五種の外道とかあるわけですが、姓名判断とか、占《うらな》いとかいうのは、ただ仏教の外にあるというだけでなしに、それによって人々が多く迷わされる。本当の仏のお心がわからない人は、皆そういうところへ頼らざるを得ないのだと、こういうものがあるのです。だから外のすがたは仏教ふうにみえながら、内心は外道に頼っている。罰があたるとか、運命の神のいたずらというものは、なかなか脱却できない。意外なことに迷うている。これは人間性の根源にせまった問題をはらんでいるようです。「外儀は仏教のすがたでありつつ、内心外道を帰敬《ききょう》している」と。そうなると、念仏だとか本願だとか信心だとか浄土だとかよりも、罰《ばち》があたる、たたりがあるということの方が、実際において己れの心を強く動かしていく。こういう人間の迷いの深さ、心の弱さというものを、ただ今うたいあげられたところであります。

8

かなしきかなや道俗の
良時吉日《きちにち》えらばしめ
天神地祇《てんじんじぎ》をあがめつつ
卜《ぼく》(占)筮祭祀《ぜいさいし》(ナシ)をつとめとす

「かなしきかなや道俗の　良時吉日えらばしめ」、本当に悲しいことだ、道なる人も俗なる人も、良時吉日、日と時をえらぶことに懸命である。聖人滅後七百有余年になりましても、良時吉日を皆おえらびになる。お葬式にしても結婚式にしましても、みな良時吉日をえらぶ。良時吉日に支配されておるということは悲しいことだというのが聖人の受け止め方です。どうして良時吉日というような意味のないことに、人間生活を支配されるのですかというのです。良時吉日に動かされておるあなたは、迷いの心なのです。私自身、真宗に育てられて、一番はっきりしておることは、良時吉日というものに動かされなかった生涯であるということです。こういうものには一切支配されないことは、これは大きな恵みです。これこそ聖人の仏法の一つの旗印《はたじるし》というべきです。真実の宗教に遇いつつ、ごまかしに迷っては恥ずかしいことです。「顕浄土真実」であればこそ、これはきわめて大事なことなのです。

「天神地祇《てんじんじぎ》をあがめつつ」、この頃さかんに聞くところでありますが、隠した悪業を追及されますと、「私は天地神明に誓って、さようなことはいたしておりません」とうそぶく。ふだん天地神明なんていうことを思うて暮していない筈《はず》ですが、こういうときになると神さまを引っ張りだしてくる。天の神・地の神、そういう私との必然関係のつかまえようのないところへ責任のがれをします。そうして「卜筮（占）祭祀をつとめとす」。「卜筮」はうらない、「祭祀」というのは、まつりおはらいをして罪を清める。ここに聖人のすごいような批判をみます。これは日本の民族宗教をいうのです。聖徳太子が仏法を日本に受容せられて、ゆがみなく受け止められたのですが、その後仏法が余りのびなかったのは、天神地祇をおそれる民族宗教の強さのために、仏教がうまく育たなかったのです。だから聖人のときになりましても、日本の民族宗教というものが、相当の強さをもっていて、仏教の話というものは死ぬときに聞けばいいことになる。人間を自分の立っている根底から問い返していく教えが仏法だと、こういうことを聖人はいいたいのです。それが仏法といえば死を境にした向こうのことで、生きておるときは神の世界であるという、これに今、聖人は挑戦しておられるのです。

9　僧《そう》ぞ法師といふ御名《みな》は
(のその)
たふときことときさしかど
(う)
提婆《だいば》五邪《どじゃ》の法にて
いやしきものになづけたり

「僧ぞ法師といふ御名は」、「僧というのは尊い方をあらわすと聞いておったんだが」と、これは仏法の尊厳性を仰ぐ姿です。ところが「提婆五邪の法にて　いやしきものになづけたり」。ここで「提婆五邪の法」ですけれども、聖人の引用したいところは、実は提婆の教えではないのです。提婆というのは生涯仏法に仇をなして、最後は大地がわれて、南無仏と言おうとして、南無だけ口にすることができたが、仏まで言いきれずにさかさまに堕《お》ちていったという人です。

その提婆は釈迦の教団に対して、新しい教団づくりの五つの提案をだした。それは別に邪法ではない。別に五邪法というものがありまして、これは提婆のものでないのです。聖人は五邪法という事をいいたいので、それを「提婆五邪の法」というのは、どういう思し召しであろうか。「提婆」というのと「五邪の法」というのが結びつかないのに、どうしてここに「提婆」という名前をお出しになったのであろうかとお尋ねしたいのです。

『教行証文類』の「総序」には、自分がどういう感銘をもってこの書物を書こうとするか、そのゆえんを示そうとして、こういうお言葉がでてまいります。

> ひそかにおもんみれば、難思《なんじ》の弘誓《ぐぜい》は難度海《なんどかい》を度《ど》する大船《たいせん》、无碍《むげ》の光明は无明《むみょう》の闇《あん》を破《は》する恵日《えにち》なり。然《しか》れば則《すなわ》ち、浄邦縁熟《じょうほうえんじゅく》して、調達《じょうだつ》、闍世《じゃせ》をして逆害を興ぜしむ。浄業機彰《じょうごうきあらわ》れて、釈迦《しゃか》、韋提《いだい》をして安養《あんにょう》を選ばしめたまへり。

親鸞を浄土に往生せしめたもう縁が今やここに熟《じゅく》した。このように導きたもうたのは、調達であり阿闍世であり、釈迦であり韋提であると、こういう感銘を最初に語られる。この「調達」というのが、「提婆」のことです。だいたい提婆達多《だいばだった》というのは、悪人としてあつかわれているのです。悪人なんだけれども、聖人がご覧《らん》になりますと、仏さまが私を助けんがために悪人のすがたをお示し下さって、私を浄土に導きたもう、そういう道行きをこしらえて下さったのだ。だから悪人だけれども、自分はその悪人を拝まなければならない。仏法の広大無辺の世界のなかに、悪人をも抱きかかえている、私のために悪人というすがたになって活動していただいたのであるという。提婆は悪人なんですけれども、聖人は「尊者」であると和讃の別項にお書きになっているのです。聖人が王舎城の悲劇をのべて、「提婆尊者」と仰いでおいでになりつつも、和讃の最後において、仏法の邪道を歩むものとして、何故に「提婆」の名をおかれたのでありましょうか。

釈尊の教団に対して、提婆は五つの異論を示したのであります。その一つは「一生のあいだ納《のう》衣《え》をつけること」。「納衣」というのは袈裟衣《けさえ》のことです。一生のあいだ衣をはなしてはいかん。それで、「衣を着る」ということは、戒を守るということ、仏のおみのりに背かない戒に叶った生活をすることとです。二つ目は「乞食の法」。わが身にそなわった法の力に対して、人さまが施《ほどこ》しをして下さる、その施し以外のものは受けない。恵まれるままに生きていく。釈尊の教団にもあるわけですけれども、これを徹底するのです。金持ちからものを受けてはならないとか、普通の人が召し上がっていられる最低のものを口にしていく、こういうのが「乞食の法」です。三つ目は「一食の法」、一日一食ということを徹底する。四つ目は「露地坐法《ろじざほう》」。日本の禅門の僧堂においても、坐禅堂という建物のなかで坐禅をする。それを「露地」、建物の外、露天で坐禅をやる。五番目は「断肉法」、肉というものは一切口にしない。この一から五までみていきますと、釈尊の教団とたいして差異がなさそうなのですけれども、この核心は何かと尋ねて、なるほどそういうことかと感じましたのは、この全体が、苦行の精神をもって貫《つらぬ》いておるということです。身体に苦痛を与えることによって励ましていく。けれど釈尊は苦行を脱却された方です。そういう点から見直してみますと、提婆がどんなに徹底したことをいっておりましても、結局はその根底は苦行であると、こういうことを釈尊は見破っておられた。だから釈尊は提婆のそういう考えに対して、少しも心を動かされておいでになりません。

それで、この「五邪の法」というのは別にありまして、『大智度論』に「五種の邪命」というのがでてきます。「邪命」といいますのは「正命」に対したもの、「正命」というのは仏のお示しにかなった日々の日送りが「正命」です。私どもが仏の教えを聞いて、その教えのなかに生きていきたいというのは、「正命」をねがっているわけです。私どもにとりましては、正信によって念仏をほめたてまつる生活、それが私どもの「正命」です。そういたしますと「邪命」ということが、大体浮かんでくると思います。

そこで、「五種の邪命」について、まず第一に「利養のために異相奇特」、人と異なった特別のかたちをとっているのは、腹のなかは利養を求めるがためである。その次は、利養のために私の身体に宿っている功徳を説く、「自説功徳」。こういうのを具体的に言おうとすると辛いことなのです。三番目、「占相吉凶」、「吉凶を占相する」。ここへきて私もわが意を得た心地がします。「吉凶を占う」というこれだけは免れておりそうです。「吉凶を占う」、これは聖人が徹底して破ろうとなさっているところです。この時代は殊に強かったのでしょう。これにも「利養のために」というのがついています。四番目、「高声現威」、「高声をして威を現ず」。低い声をしていては値打がないわけです。本当に「本願招喚《しょうかん》の勅命《ちょくめい》」を聞いていられる方なら、「勅命」というのは実に小さい声でありながら、自分の内面で大音声《だいおんじょう》になる。ところが、「高声をして威を現し、人をして畏敬《いけい》せしむ」。大きな声をすると如何にも自信があり権威があるような、そういう感じで人をして畏《おそ》れ敬《うやま》わしめる。最後の五番目、「所得の供養を称説して人の心を動かす」。辛いですけれども書いてありますから、解説いたしますと、あちらこちらでいただいてきて、こちらの人に誰だれさんからこういういいものをいただいたという。そうするとこちらもあちらの人に負けないように、そうですかそれでは私もと、こうなるものです。「所得の供養」、自分の得たところの供養を、あちらへ行ってはほめ、こちらへ行ってほめして、人の心を動かしてわが利養をはかるのです。これが『大智度論』における「邪命」ということです。

今、聖人の和讃は、はじめは自己の内面を歎き、転じては自己批判の刄をもって、僧の逸脱《いつだつ》を斬る。自己を批判しないような社会批判は駄目《だめ》です、これは口舌《くぜつ》の徒です。骨も砕《くだ》けるような徹底した自己批判があればこそ、社会批判にいのちがこもります。ですから「五邪の法」というのは「正命」に対する「五つの邪命」、間違った生活のすがたなのです。聖人の言いたいのは、「五つの邪命」ということですから、聖人にこの「提婆」というのをちょっとのけていただくわけにはまいりませんかといいたいのです。これは和讃の解説書にも見当りません。私にもし、君は聖人に帰依《きえ》しながら聖人のお書きになっている和讃に問題をもち込むとは、何たる横着な輩かと、こういう筋道をたてたお叱りをうけまして、そのお叱りの言葉が私をうなずかしめて下さるならば、今のことは喜んで撤回《てっかい》をいたします。聖人には仏のお心があらわれていただきますと、頑強な煩悩が、申し訳ありませんと仏の車輪に喜んでつぶされていくものだと、そういう面持ちが窺われますので、私もそういうお叱りには喜んで頭を下げたいと思っております。

10　外道《げどう》梵士《ぼんじ》尼乾子《にけんじ》（志）に
　こころはかわらぬものとして
　如来の法衣《ほうえ》（は）をつねにきて
　一切鬼神《きじん》をあがむめり

「外道」というのは、仏法のうえでは六師《ろくし》外道と呼んでおりまして、釈尊の時代に、霊魂などについて、仏法と違う主張をしておる教えです。今の時代でも、迷える人の心を迷える術でもって、父母の霊が迷っているとか申します。こういうことは何時の時代でも絶えないことのようであります。それだけ人間の心が、霊という問題に迷うということです。そういう霊魂などの問題について、いろいろな宗教の旗を掲げておる、こういうのを仏教からみて「外道」というわけであります。この六師外道というのは、六人のそういう勝れた思想界・宗教界でものをいうておる人びとです。

「梵士」というのは、梵天に仕えておる宗教家です。「梵」というのは「きれいな」ということ、お寺のお鐘のことを梵鐘《ぼんしょう》という、あれは濁りない音がでるというので梵鐘という。だから「梵士」といえば天の神にお仕えする人びとのことです。それから「尼乾子」、これは裸になって苦行をやる。苦行をやってどうするのかというと、結局こんど生まれる世界で楽しみをつかむようにと、こういうのが尼乾子の教えなんです。それで裸で行をやるから恥を知らない、恥ずかしいということを知らない、それで「無慚《むざん》外道」といっております。

ところでこの言葉は『法華経』「安楽行品」に、言葉は少し違いますけれども、でておりまして、「諸の外道・梵志・尼犍子等に親近せざれ」という。仏道を歩まんとするものは、こういうものに親しみ近づいてはいけない。この「親近せざれ」というのがいくつもでてくる。聖徳太子が註釈書をつくって『法華経義疏』という非常に貴重な書物をのこしておいでになりますが、聖徳太子もずいぶん苦しんでおいでになります。御自分は身分の高いお方でしたから、これと列んで王者に近づいてはいけないとかいうのがでてくるところなど、苦しんでご解釈になったと思います。そういうふうに、仏道を歩まんとするものはこれこれに近づいてはいけないという。近づくべきものと近づいていけないものと区別をつけねばならない。「親しみ近づくことなかれ」、これはなかなか親切なお言葉だと思います。聖人は二十年もの、『法華経』に依る天台方式の修行が身に刻まれていたのでしょうが、比叡山をはなれたと同時にその『法華経』とも別れられたのです。ところがこんなところに出てきまして、和讃の最後に「外道梵士尼乾志に」と。八十六歳というあとがきのとおり晩年の作ですけれども、はからずも出ます。ここでも『法華経』という名は出されないのです。厳しい精神だと思います。けれども「僧」といえば比叡山でしょう。比叡山で「安楽行品」を読んでおるそういう僧たちが、恩師法然上人を流罪にしたてまつったし、私も流罪に遇うた。あの人たちは僧の衣をまといながら、しかも「安楽行品」を読みながら、何たる間違いをやっておるかと、こういうことではないでしょうか。

「如来の法衣をつねにきて　一切鬼神をあがむめり」、衣を着ているけれども、やっていることは「一切鬼神をあがむめり」。一切鬼神をあがめている。『教行証文類』「化身土文類」の終わりのところに、『梵網経』をお引きになって、「不礼鬼神」「鬼神を礼せず」と。鬼神を礼拝しないのが仏法である。浄土真宗におきましては、聖人の時代には僧はいないわけです。だからここで「僧」と言われるのは聖道《しょうどう》諸宗の僧侶なのです。聖人は「非僧」といいつつ、僧の誇りをもっておられた。だから衣を着ているけれども内面は天地の鬼神を尊敬しておるようなそういう僧ではない、「非僧の僧」です。人は私を僧でないと思うかも知れない。けれども私のこの道しか仏道を歩む道はないのではないかと、こういう自信をもっていられた。だから、如来から与えられた大きな責任を感じて、どのようにしたら、本当に仏道というものを歩むことになるのか、そういうことが内面に動いておると思います。

11

かなしきかなやこのごろの
和国《わこく》の道俗みなともに
仏教の威儀《いぎ》をこととして（も）
天地の鬼神《きじん》を尊敬《そんきょう》す

「かなしきかなや」、聖人には詠歎調というものはないのです。「悲しき哉、愚禿鸞、愛欲の広海に沈没し、名利の太山《たいせん》に迷惑して」と、こういう「悲しき哉」という言葉にしても、ああ悲しいことだと感情を流しておるのでなくして、そこに何を自分は悲しまなければならないのか、何が人間の本当の悲しみであるかと、こういうものをはっきりつかんでいられるのです。だから聖人には、ああ苦しいとか、ああはかないことだとか、声を長く引くようなところはない。だから、この「かなしきかなや」というのも、日本に仏法というものが行なわれながら、その仏教というものを正しく生かしていないと、こういういきどおりを内に秘めて、本願の仏道にかえれとねがう悲しみだと思います。「かなしきかなやこのごろの　和国の道俗みなともに」、「道」というのは僧侶がた、「俗」というのは家を中心に生きる人たちです。

「仏教の威儀をこととして　天地の鬼神を尊敬す」、僧は衣をつけ、在俗の人は仏壇などかざっているけれども、あるいは仏法らしい儀式はなさっておるけれども、内心、本当になさっていることは何かというと、現世のいのりではないか。無事にこの世を過ごしていきたい、情ないことのおこらないようにという現世のいのりでないか。「天地の鬼神」というのは現世祈祷をせしめるそのもとをなすものです。無いものを有るように妄想するに過ぎないのです。

顕智本ではこれで終わりまして、「已上三十三首　愚禿悲歎述懐」と記してあります。前の「仏智疑惑罪過」の二十二首を合算して「述懐讃」と名づけ、「末法讃」とは別立の趣を見せております。

続いて「草本云　正嘉二歳九月二十四日　親鸞八十六歳」とありますが、これは顕智が書写した草稿本の奥書のままということです。何度眺めかえしましても八十六歳は聳《そび》える高山として圧倒されます。

更に「正応三年（一二九〇）九月二十五日、之を書写せしめ畢《おわ》る」とありまして、顕智の書写が聖人滅後三十年近くであることが知られるのです。そこに次の二文が添えられるのでありますが、その意図を推求《すいぐ》して応えねばならぬと考えます。

『涅槃経』に言う
面《おもて》は浄満月の如し　眼は青蓮華の若《ごと》し　仏法大海の水　阿難の心に流入《る》す

『観念法門』に云う
又敬って一切往生人等に白《もう》さく　若し此の語を聞かば即ち声に応じて悲しみ涙を雨《あめ》ふるべし　連劫累劫《るいこう》にも身を粉にも骨を砕きても仏恩を報謝せよ文

著者略歴

川瀬和敬（かわせ　わけい）

明治44年に生まれる。

真宗高田派鑑学。高田短期大学名誉教授。

平成18年7月示寂。

著書に『親鸞聖人への道』『火中生蓮』『感応道交』『浄土和讃講話』『浄土高僧和讃講話』『正像末法和讃講話』『皇太子聖徳奉讃講話』など。

新装版　正像末法和讃講話

一九九四年二月二〇日　初　版第一刷発行
二〇二〇年九月一五日　新装版第一刷発行

著　者　川瀬和敬
発行者　西村明高
発行所　株式会社　法藏館
京都市下京区正面通烏丸東入
郵便番号　六〇〇－八一五三
電話　〇七五－三四三－〇〇三〇（編集）
〇七五－三四三－五六五六（営業）

装幀　山崎　登
印刷・製本　亜細亜印刷株式会社

ISBN 978-4-8318-6574-8 C0015